平凡的伟大

——发现员工身上的闪光点

〔美〕帕梅拉·比尔布雷　布赖恩·琼斯　著

尹丽敏　译　辛旭丽　校

2013年·北京

Pamela Bilbrey & Brian Jones
ORDINARY GREATNESS
It's Where You Least Expect It…
Copyright © 2009 by Pamela Bilbrey and Brian Jones.
Published By John Wiley & Sons, Inc., Hoboken, New Jersey.
All Rights Reserved. This Translation Published Under License.

图书在版编目(CIP)数据

平凡的伟大——发现员工身上的闪光点/(美)比尔布雷,(美)琼斯著;尹丽敏译;辛旭丽校.—北京:商务印书馆,2013
ISBN 978-7-100-09340-8

Ⅰ.①平… Ⅱ.①比… ②琼… ③尹… ④辛… Ⅲ.①领导学—研究 Ⅳ.①C933

中国版本图书馆 CIP 数据核字(2012)第 169845 号

所有权利保留。

未经许可,不得以任何方式使用。

平 凡 的 伟 大
―― 发现员工身上的闪光点

〔美〕帕梅拉·比尔布雷 布赖恩·琼斯 著
尹丽敏 译 辛旭丽 校

商 务 印 书 馆 出 版
(北京王府井大街36号 邮政编码 100710)
商 务 印 书 馆 发 行
北京瑞古冠中印刷厂印刷
ISBN 978-7-100-09340-8

2013 年 11 月第 1 版　　开本 710×1000　1/16
2013 年 11 月北京第 1 次印刷　印张 11½

定价：26.80 元

序　言

《古董巡回秀》(Antiques Roadshow)是数年前非常流行的一档电视节目,我认为它仍具有现实意义。这个节目是人们将他们收集的古董拿出来请专家鉴定价值。许多人观看这个节目的原因在于,他们最想看到在专家鉴定时刻,专家告诉古董收集者他们在车库里放了 20 年的灯具、茶几或瓷器狗能值一大笔钱。

除了对收获意外横财的新奇外,这节目还有更大的魅力。看到一件曾经让你举棋不定的事物,并猛然发现它极具价值,这种感觉很棒。当你发现那个事物是人的时候,这种兴奋感就更强烈了。

为更好理解这种现象,想想另一个流行电视秀——《美国偶像》(American Idol)。世界上有成百上千的成名歌手,如果我们愿意倾听他们的天籁之声,那他们都值得我们去花费时间和金钱的。但是我们不能让上百万的人每周两次放下手头的工作来看他们在电视上演唱。然而,建立一个让我们发现平凡人隐藏的天赋的环境,我们就会立马感到兴趣盎然。

好了,在我们工作的组织里,有灯具、茶几、瓷器狗,还有流行巨星,它们每天等着我们去发现和赞扬,同时,将它们带出车库、抹去灰尘或听它们唱歌是多么惬意和兴奋的事呀。

在本书中,作者探索了平凡的伟大的概念,并提供了一套深入而实际的挖掘存在于我们公司、医院、教堂和学校中人们隐藏的价值和才能的工具。他们与组织领导者打交道积累的丰富工作实践经验,能有效地帮助组织领导者发现平凡员工的优势和伟大。

  作者不仅仅能帮助组织实现更多可能，这是购买和使用这本书的一大原因。通过帮助员工挖掘他们的潜能并实现梦想，他们也为我们绘制了一张开始改变员工生活的蓝图。这确实是每个管理者或领导者能做的最有意义的事情之一了。这也能促成伟大的电视真人秀。

帕特里克·兰西奥尼

《团队的五种机能障碍》一书的作者

目 录

前言	1
致谢	4
第一章　什么是平凡的伟大	6
第二章　观察平凡的伟大	13
第三章　为什么人们不能发现平凡的伟大	25
第四章　领导者如何发现平凡的伟大	40
第五章　平凡的伟大的特征	54
第六章　创造平凡的伟大的环境	71
第七章　促进平凡的伟大	89
第八章　为平凡的伟大创造可能性	102
第九章　换种方式看世界	114
第十章　竞争时代平凡的伟大	133
结束语	146
附录 A　自我评估	148
附录 B　问题和答案	155
注释	168
作者简介	176

前　言

世界顶级小提琴演奏家之一的约舒亚·贝尔(Joshua Bell)曾在著名的英国伦敦皇家艾尔伯特厅(London's Royal Albert Hall)、瑞士韦尔比亚音乐节(Verbier Festival in Switzerland)、美国卡内基大厅(Carnegie Hall)等地演奏。他同知名乐队如法国国家乐团(Orchestre National de France)、萨尔茨堡莫扎特管弦乐团(Salzburg Mozarteum Orchestra)以及苏黎世唐霍乐团(Tonhalle-Orchester)一起演出过。但他从未在华盛顿特区(Washington,D. C.)的朗方广场(L'Enfant Plaza)地铁站旁开过演奏会。

最终证明,2007年1月23日星期五,约舒亚·贝尔在地铁站的演出几乎没人注意到。的确,这一点令人惊讶。三天前,他在著名的波士顿(Boston)交响音乐厅演奏,票价100美元的音乐厅中座无虚席。几个星期后,他获得美国艾维·费雷(Avery Fisher prize)最佳古典音乐家奖。

但是在朗方广场地铁站的这一天,天气寒冷,约舒亚·贝尔隐姓埋名、没有宣传、不为人知。他似乎只是一个街头艺人,希望人们能将钱扔在他面前打开的小提琴琴盒里,以凑够下一顿饭钱。约舒亚·贝尔在地铁站做什么呢?他参与了由《华盛顿邮报》(The Washington Post)安排的一次奇妙的演出。记者吉恩·温加滕(Gene Weingarten)随后在他的普利策奖(Pulitzer Prize)获奖文章"一场特殊的音乐会"(Pearls Before Breakfast)(2007年4月8日)中描述到,"这是在背景、观念和优先权方面的一次实验,同时也是一次对公众品味的暗中评估,在一个很平常的背景下,一个并不方便的时间,美会胜出吗?"

当然,当贝尔在上班高峰时间走进地铁站的时候,他在外观上毫不显眼,他身穿牛仔裤、长袖T恤衫,头戴华盛顿国民棒球帽。他靠着地铁站电梯旁的墙站着,从琴盒里拿出他的私人小提琴,一把由安东尼奥·斯特拉迪瓦里(Antonio Stradivari)于18世纪手工制作的小提琴。他将琴架在下巴下,开始了他一个人的演奏会。当巴赫(Bach)深情而富有力量的"恰空曲"回荡在地铁站(贝尔形容恰空曲是"最伟大的音乐创作之一"),不感兴趣的来往人流匆匆而过。在接下来的45分钟里,贝尔演奏了不下6支古典名曲,1,097人路过,大部分都是匆匆赶去工作。

极少数的人注意到他的演奏,贝尔最终凑到了32美元和一些零钱(包括一些美分)。共有7人在他面前短暂停留。但是,现场的一切被一个隐蔽的摄像机拍下,录像反映了有趣的一幕:每当有小孩路过贝尔的演奏时,小孩驻足聆听,却被不感兴趣的父母拽走。

这次实验表明,高贵的艺术被普通的环境掩盖。或说,就像温加滕写的,贝尔的演奏是"没有框架的艺术"。因此,由于演奏环境的不同,贝尔的演奏很大程度上被人们忽视。

这个故事(以及从隐蔽的摄像机拍摄的录像片段中看到的)提醒了我们,由于领导者繁忙的日程和忙碌的生活方式,因为伟大总显得平凡,他们每天都错过了身边平凡的伟大。于是我们意识到这种现象逐渐普遍:由于伟大被隐藏着,它每天都被忽略。平凡的人们在工作中做着伟大的事,但他们和他们的作为都未被大家注意。领导者未能发现他们面前的平凡的伟大。

那些邀请我们去解决他们组织内部问题的客户也进一步证明了这种现象。我们很快意识到,他们具备成功解决这些问题的所有条件——只是他们没有注意到而已。

本书十个章节将分析平凡的伟大的隐蔽性，发生的原因和它的内涵，以及无论平凡的伟大的框架和背景是什么，领导者如何能拓宽眼界发现平凡的伟大。约舒亚·贝尔的故事表明当今社会对伟大的忽略。它给各行各业的人们，特别是给那些每天力争让员工投入工作和保持工作激情的领导者敲响了警钟。

致　谢

我们永远感谢影响着我们生活和思考方式的众多客户。他们对卓越的追求令我们敬佩。我们从观察他们具有的激情、责任感和坚持中学到了很多。

感谢吉恩·温加滕在《华盛顿邮报》的文章"一场特殊的音乐会"中报道的约舒亚·贝尔的故事。这个故事启发了我们，让我们能深入思考平凡的伟大是如何影响各行各业这一问题。它鼓励我们将我们多年的发现和经历记录下来写成一本书。

感谢那些自愿献出时间，分享他们对平凡的伟大的看法和故事的人们。也许你们并不知道，你们的故事正无时无刻地影响着我们。同时也感谢参与网络调查并发表个人意见的人们。

感谢约翰·威利父子出版公司（John Wiley & Sons），特别要感谢我们的主编谢克·乔（Sheck Cho），是你们的支持和鼓励让这本书成为现实。在原稿准备阶段，我们与"文学天使"埃莉·史密斯（Ellie Smith）合作。她的耐心和才能帮助我们统一了本书的观点。我们永远感谢她的指导。随后，德布·伯迪克（Deb Burdick）带来了对原稿全新的观点，这使得我们的障眼物并没减退我们发现和赞美平凡的伟大的热情。她一如既往的鼓励，她对生活无时无刻的热情，以及她杰出的编辑才能让这本书成为现实。感谢德布。感谢我们杰出的研究员梅拉妮·琼斯（Melanie Jones），她千方百计解决问题并找到新颖的方法为本书增添了趣味性。

感谢帕特里克·兰西奥尼和我们在圆桌集团（The Table Group）的朋友鼓励我们继续写作这本书。特别感谢我们多年来的同事，他们对我们的工作给予了不同的观点建议，拓宽了我们的视野。长时间差旅途中的航班延误、深夜会议、激烈讨论和严肃辩论，这些都不断地增进着我们的友谊，让我们彼此相互敬佩。你们知道自己是谁，感谢你们。

第一章

什么是平凡的伟大

> 是的,我看到了那个小提琴演奏者,但他并没有什么吸引我的地方。
>
> ——地铁站,一位在小提琴家约舒亚·贝尔(Joshua Bell)的演奏前短暂停留了一下的路人的回应,引自吉恩·温加滕"一场特殊的音乐会",《华盛顿邮报》,2007年4月7日。[1]

并不是约舒亚·贝尔本人、他选择的音乐和他所演奏的乐器,使经过华盛顿朗方(L'Enfant)广场的人流没有发现伟大;反而是,习以为常的环境和往来行人对自己日程的固定认知让他们继续赶往那班既定的"列车",而并未停下来欣赏就在面前的伟大演出。约舒亚·贝尔的即兴演奏会并不是人们所计划的终点站,也不在他们的计划或保留节目里。他出现在地铁站的高峰时段,正因如此,他的演奏在某种程度上被视为背景噪音而被忽视。

从约舒亚·贝尔的故事中得到这样的启示,平凡的伟大被忽视这一现象也适用于更为广泛的领域(特别是在工作环境中它的影响力),我们开始对平凡的伟大加以定义。我们先看看现代英雄和那些杰出人物的事迹——因为在某些时期,他们的伟大也不为人知。

权威的盒子

  1965年的夏天,17岁的斯蒂文(Steven)到卡诺加公园(Canoga Park)拜访他的表亲并参观环球影业(Universal Pictures)公司的摄影棚,这一天改变了这个对电影痴迷的孩子的命运,他的好莱坞梦想也越来越近。"摄影棚间的观览车还没停呢,"斯蒂文说,于是在短暂的休息时间我溜了出来,到处看看。我遇到一位男士,他问我在做什么,我就告诉了他。他并没有叫保安把我赶出片场,而是和我交谈了大约1个小时。他就是查克·西尔弗斯(Chuck Silvers),环球影业公司的编剧总管。他说他很想看看我拍的几部小电影,于是他给了我第二天进入片场的通行证。我给他看了4部我拍的8毫米影片,他非常欣赏。于是他说:"我没有权力给你更多的通行证了,但祝你好运。"

  第二天,一个身着商务西装、手提公文包的年轻人挥手向门卫打了个招呼,轻叹了口气,然后大踏步向公司大厅走去。他做到了!"那是我父亲的公文包,"斯皮尔伯格(Spielberg)说,"包里只有一块三明治和两个棒棒糖。于是那个夏天,我每天都西装革履地跟那些导演、编剧还有剪辑师和配音演员在一起。我找到了一个废弃的办公室,成了一个擅自占用别人地盘的人。我去相机店买了一些塑料板,并把我名字写在大厦办公室一览表上,斯皮尔伯格,23C号房间。"[2]

  斯皮尔伯格的平凡的伟大就是自信,他的权威理念坚定而使人信服,因此在摄影棚遇到他的人从未质疑过他的资格!而实际上,他在那儿的几周后才正式获得这份工作。

  在那些看起来难以克服的困难面前——他年轻、没经验又不知名——他绝不服输并成功应对了困难。尽管多年后人们才认可他的伟大,但斯皮尔伯格清楚地感知到伟大就在他体内。他所具有的权威的姿态使他被人们所接受。

我们会质疑那些我们直觉地认为有权威的人吗？即便他们没有任何的头衔和任命？我们不会或很少去挑战他们；相反，我们会对他们管事的态度做出几乎自然的反应。这也许是伟大来到的特征和标志，但我们很少能辨识到它。

未来的预言家

温斯顿·丘吉尔爵士（Sir Winston Churchill）年轻时的性格特征之一就是对自己的信任。在他 22 到 26 岁时，他在军队服役，先是骑兵队的一员，随后是步兵团的一名军官。这段时期，他经历过多场战役，在前线的枪林弹雨中作战，但他都未受伤。他战斗经历中最有趣的是他对未来的展望。一次战役之后，他在给他母亲的信中写道："我每天都在炮火中生活。你知道我在这些事上总是运气很好，我可能是唯一一个衣服、马具或连马都没受伤的军官……我从未感受到一丁点儿的紧张。"

"在这些事上运气很好"，他解释为天意。他写道，"我相信我是为未来的事情而活着。"接着写道："那是令人紧张的日子，但是，当一个人确信他正在完成对世界性事件的策划使命时，他就会完全镇定地等待事情的发生。"[3]

那些将来有一天表现出伟大的人会更好地解释他们的命运吗？对人生目标坚信的能力，是那些会从着火的大楼中救人、在危险的战场上救同志的平凡人的特征吗？如果我们每个人都能听听平凡的伟大的内在声音，我们也许更易从他人身上发现平凡的伟大。

助人之心

人们每天都展现着平凡的伟大，但我们却没有发现。在赛场上不断给最差球员机会的少年棒球联赛（The Little League）教练；收养身体严重残疾的孩子的夫妇；每年带头为老城区学校筹集书籍的医疗工作者……我们身边有太多太多平凡但却被忽略的英雄的例子。然而环境却让我们下意识地做出这些行为。

1982年，佛罗里达航空公司的航班90号飞机（Air Florida Flight 90）在猛烈的暴风雪中坠落在华盛顿特区冰封的波托马克河（Potomac River）中。一名联邦政府雇员正在下班回家的路上，他亲眼目睹了这难以置信的一幕，飞机撞倒了一座桥并栽入河中。伦尼·斯卡特尼克（Lenny Skutnik）本可以站在原地，等待救援人员去尽力施救，但他跳入水中游向溺水的陌生人。

那天水温只有29华氏度。当斯卡特尼克看到一名坠机者一次又一次地没能抓住直升机扔下的救生篮时，为了救她，斯卡特尼克纵身跳进河里并游了30码。事后他说："那真是难以承受。当她最后一次松手的时候，就像一道闪电或其他什么击中了我——我必须去救她。"

那天，还有许多人也表现出了英雄壮举：一名直升机飞行员在救援他人的时候让自己的生命也陷入了危险；一名医生攀爬着救助一个极度虚弱不能自救的坠机者；两名路人跳进水中协助救援；以及一名飞机乘客，不断地把救援的绳索让给他人，自己却不幸溺水身亡。

不擅面对媒体的斯卡特尼克对人们对他勇敢行为的赞许从未感到轻松。"我不是英雄，"他强调道，"我只是一个帮助了别人的普通人。我们周围都是英雄。不同的是我被媒体拍到并让大家都知道了。"[4] 是的，我们周围都是平凡的伟大，在英雄的身上具体化，并为他人的生活带去深刻的改变。除非伟大在晚间新闻里让我们看到，就像斯卡特尼克的例子那样，我们还是很少会去探寻伟大的含义。

你会像这些人那样做吗？他们很平常，即便是帮助他人会让他们处于险境，他们还是会不由自主地每天做着伟大的事。如果不是环境促使了他们的英雄行为，如果不是他们必须面对似乎是命中注定的诸多境况，人们也许永远不会认识他们。

救援的天性

伊利诺伊大学（University of Illinois）厄本那—香槟分校（Urbana-Champaign）的法学教授戴维·海曼（David Hyman）进行了一项长达4年的研究，研究美国百姓对需要帮助的人实施帮助的自愿度。为知道美国的法律是否应该要求市民在危及情况下互相帮助，他得到了个有趣的发现：愿提供救援的人数大大超过不愿提供救援的人数，比率为每年740：1。[5]"这项研究表明，不需要法律来要求人们去救助他人，他们似乎是自愿去帮助的，"海曼说，"美国大众的行为比法律所期望的更好……（这项研究也说明）人们天生自愿地去救助他人，这是人的本能反应。人们看到别人处于危险，会挺身而出，几乎不会顾及自己的安危。"[6]

平凡的伟大的定义

对平凡的伟大定义贯穿于写作这本书的整个过程。最后，我们定义它为："一个看似普通的人身上具有的优秀但常不被人认识到的特质、品质、技能或努力，有时会在一个人对未预知的环境做出的反应中表现出来。"也许描述平凡的伟大最简单的方法就是，它极少被人们赞扬，有时候它具有高尚的元素，但很少表现出来。实际上，当我们赞扬真正的平凡的伟大的时候（见图1.1），正是因为它能超越它的隐蔽性。

> **平凡的伟大**
> 一个看似普通的人身上具有的优秀但常不被人认识到的特质、品质、技能或努力，有时会在一个人对未预知的环境做出的反应中被发现。

图1.1　定义平凡的伟大

表现出了平凡的伟大的人,当他们处于非同寻常、严格或者特殊的环境时,他们会选择尽个人全力去寻求改变。他们毫不保留地去做,会听从内心真实的声音。他们从不要求引起公众的注意。在变化面前他们随机应变,在困难面前他们坚持不懈,他们一直坚信自己所珍视的人生价值观。

前战俘鲍勃·布莱尔(Bob Blair)谈到他顿时"恍然大悟——让志愿者们帮他栽种有营养的食物以提供给贫困人群"。ABC 新闻将布莱尔提名为"年度人物"。布莱尔得知有成百上千的人处在饥饿之中,他们"在挨饿,也就是说他们根本不知道下顿饭在哪里"。2008 年 6 月至 12 月间,得力于 3,100 名志愿者的帮助,布莱尔收获了约 35 吨蔬菜。[7]

罗恩·克拉克(Ron Clark),一个"再也不愿教书,希望生活充满冒险"的教师,他也表现出他的坚定。在北卡罗来纳州(North Carolina)的贝尔哈文(Belhaven)执教 5 年,教完五年级学生后,他看到了一则有关纽约市东哈莱姆区(East Harlem, New York)一所学校的电视节目,那所学校很难招到合格的教师。他立即收拾行李,驱车驶向纽约市,暂住在一所基督教青年会里,他开始寻找与他在电视节目上看到的情况类似的学校。"当我开始在那教书时(在纽约市哈莱姆西班牙居住区的 P.S.83 学校),学校的人说那是他们 30 年来看过的最差的班级,"罗恩回忆道,"班上秩序混乱,我不能引起学生的注意。孩子们不尊重我,不尊重同学,也不尊重其他老师。"罗恩意识到成年人在与孩子相处的时候,总会用他们自认为理所当然的方式。"我们不断地告诫孩子们要表现好,尊重他人,但是我们并没花时间让他们知道我们所期望的行为到底是什么,"罗恩说。他制定了班级 55 条行为规范——如何与人真诚地握手,如何与人进行交谈,如何使用适当的礼仪以及如何谦虚而不傲慢自大地与人相处。将他对学生的期望明了化,并全心融入学生的生活中,罗恩不仅给学生上了人生难忘的一课,他也彻底改变了他们。对别人有高的期望,对自己要有更高的期望。将精力投入在你知道的潜力上,并寻找适宜的方式与他人相处。[8]

我们发现,所有访谈和人们的行为所反映的普遍主旨是:平凡的伟大没有边界。这里没有年龄、教育程度、天赋和文化的限制。他们是默默无闻的慷慨的人道主义者；他们是幕后的杰出领导者；他们是带领组织取得胜利的默默无闻的员工；他们是勇敢应对灾难的无名英雄。平凡的伟大无处不在，在最普通的环境里，等待着激励和启发我们——关键问题是我们要发现并辨认它。

美国诗人沃尔特·惠特曼（Walt Whitman）在一首诗中写道："每个人瞧一眼镜子就能看出最好的迹象吗？没有更伟大更丰富的东西吗？是否一切都同你在一起？"[9]

我们常常忽略了眼前的平凡的伟大。

- 你怎么定义平凡的伟大？
- 能带你找到平凡的伟大的线索有哪些？
- 你曾与平凡的伟大擦肩而过，但却后知后觉吗？

第二章

观察平凡的伟大

> 约舒亚·贝尔在地铁站表演的全过程都被一个隐蔽的摄像机拍摄了下来……人们踩着碎步匆忙地冲进过道,有人端着咖啡,有人打着电话,工作牌在身前晃动着,无不彰显着冷漠、惯性以及乏味而匆忙的灰色现代化。
>
> 即便是在这紧张的节奏下,小提琴家的弹奏依然连贯而优雅;他看起来与他的观众格格不入——没被看见,没被听到,超凡脱俗——让你以为他并不真实地存在在那里。像一个幽灵。
>
> 然而这时候你会突然意识到:他才是真实存在的。其他人是幽灵。
>
> ——摘自《华盛顿邮报》文章"一场特殊的音乐会"[1]

当然,人们没有发现平凡的伟大的原因很容易理解。但是,找出平凡的伟大的特征和内涵也尤其重要。摘除障眼物的第一步是:识别出平凡的伟大并不断丰富我们的生活。没有什么比领导们亲眼见识到他的员工身上的伟大更有意义。毕竟,这正是我们领导的原因。

搜索了现代英雄的事迹并进行了个体访谈后,我们进一步了解到平凡的伟大的含义。然而,要将平凡的伟大的概念与工作实际相结合,我们还需进一步探究。我们先看看先前收集的数据。一组从不同的新人引导项目中收集的数据引起了我们的注意。在新人引导项目中，我们让员工确定他们认为最重要的、能成为杰出的领导和优秀的工作伙伴的特质。每隔一周，参加引导项目的新人班级都会被问到第一个问题："如何成为一个优秀的领导者？"答案每年都会被收集起来，这些答案都倾向于集中的特性或品质：诚实、可信、积极、关怀他人、乐于助人以及拥有远见卓识。伟大的领导者用信念去领导，他们富有同情心并尊重下属。伟大的领导者深思熟虑、关怀他人、善于将心比心，专注并果断。

"如何成为一个优秀的工作伙伴？"第二个问题提供了另外的认识。对这个问题的回答包括："总会额外努力；言而有信以及不为名利。"其他的员工谈到，最佳的工作伙伴善良、考虑周到并把他人放在首位；他们富有幽默感并不会自命不凡；他们有很好的职业道德。我们甚至听说一个员工为他贫困的同事购买了一套轮胎。

我们的调查

第一章中的每个故事都展现出了个人平凡的伟大的吸引人之处，这些个人随后引起了大家的广泛关注，我们想找出我们身边的无名英雄身上的平凡的伟大，他们是那些改变着别人的生活的普通人。于是，我们对来自各行各业的75个人进行了一系列的访问。我们首先问他们："你脑海中首先想到的三位具有伟大特质的人是谁，为什么？"

很有趣，访问得到了一些共同的主题。最多的答案包括：甘地（Gandhi）、马丁·路德·金（Martin Luther King）、德兰修女（Mother Teresa）以及耶稣（Jesus）。其他受欢迎的名字包括吉米·卡特（Jimmy Carter）、比尔·盖茨（Bill Gates）、亚伯拉罕·林肯（Abraham Lincoln）和奥普拉·温弗瑞（Oprah Winfrey）。当我们追问"为什么"的时候，我们发现这些提及到的伟人都超出了生活。他们每个都具有很高的社会名誉；有些经常出现在媒体前;有些是有着传奇故事的历史人物;有些是宗教代表。这些人在他们的伦理和道德方面或领导才能和商业成就方面备受好评,但是最主要的还是他们渴望并承诺帮助同伴。

明尼苏达州教育家卡拉·葛根(Carla Gergen)在为明尼阿波利斯—圣保罗(Minneapolis-St. Paul)《星坛报》(Star Tribune)写的一篇文章中,写到她对德兰修女生活中平凡的伟大的印象。(见下)

卡拉·葛根:追随平凡的伟大的召唤

德兰修女启示着我们,带着挚爱去做小事。

见到她的第一个想法是她比我想象的娇小。她坐在房间后面的轮椅上,她最近的病情明显加重并使她无法出席我们所参加的其他弥撒。那天早上,我们花了比预期长的时间才到达教堂,所以我们匆忙冲进教堂,而刚好坐在她旁边。直到弥撒过了一半我才认出她。

"呀,那是她,"我想,然后我的思绪想到别的去了。

弥撒后我正准备离开,这时我朋友特丽莎(Theresa)看到人们排起了队并叫我们加入队列。我问她排队做什么,她耸了耸肩说,"我们去看看。"于是我们就去了。

随后有人过来让队伍中的每个人跪下,我们也照做了。一会儿,一名修女将她推出来并慢慢地推过跪着低头祈祷的人。她一边祈祷一边轻轻触碰每个人的头。

我可以说我遇见了德兰修女。

尽管是这样著名的名声和面容,但那不是我在加尔各答(Calcutta)那一个月里最深的记忆,事实恰恰相反。另外的一个经历给我留下了最深的印象:与那些为了帮助穷人,毅然放弃所拥有的一切和所有生活的女人们一起并肩工作;清晨,路过在人行道上慢慢苏醒的懒汉,一个抱着小孩的母亲走向我,绝望地乞求我的帮助,我径直走开因为我不知所措。

也许你不想读这些故事。更确切地说,我不想写下这些故事。写点关于我看见自己毕生的偶像的事更容易些吧。毕竟,我们这样看她——一个名人——我最终知道遇见她的故事是人们想听的。

即便如此,我还是不能把故事讲得很动听。她是我去加尔各答的原因,但我并未如我所想象的那样去追逐她。她的平凡被城市混乱的美丽和煎熬所吞噬。

她并未给我留下深刻的印象,我开始明白,并不是她没有我们所认为的那样重要,而是我们所有人都比自己认为的重要。她第一个这样说。人们最常引用她的一句话是:"我们不能做很伟大的事——但能怀着大爱做小事。"她知道我们所说的伟大并不是名望,而是在我们每天做的事情里,最简单最平凡的生活方式中。

就是10年前的那个星期三,7个月后我回到家中,我从新闻中得知她过世了。我哭了,虽然我无法告诉你为什么。也许是我们会对每位好人的离世而感到悲痛。也许是对加尔各答的记忆,我在那里看到的以及让我发现世界是如此的广阔、美丽和可怕。也许是因为它让我记起那个星期六上午的那一课,我思考着那堂课对我人生的意义。

她只是一个为他人和我们爱的上帝尽力做事的小女人。实际上,我熟识许多像她那样的人。他们的祝福——母亲亲吻我的额头;与一位热衷于司法公义的朋友的一次谈话;来自学生的一张自制感恩卡片——对我来说都很重要。这些祝福让我想到,希望当我又老又弱的那天,我的普通、平常和平凡的伟大,不会给人们留下太深的印象。

卡拉·葛根

资料来源:Used with permission of Karla Gergen

我们得知卡拉·葛根在萨尔瓦多（El Salvador）的一所孤儿院工作，这证明平凡的伟大没有边界。

尽管默默无闻，但是，就是你我这样的普通老百姓，是这些平凡的人们让我们每天感动着他人，也被他人感动着。我们问第二个问题："你所认识的具有平凡的伟大特质的三个人是谁，为什么？"于是就有了许多更加丰富、真挚的故事，其中许多故事催人泪下。

这些故事有关于母亲、父亲、兄弟姐妹以及祖父母们的；也有关于教堂牧师、护士和医生、教师的，他们都是对他人的生活有深远影响的普通人。[2]

领导者也被提及，例如一位CEO将一个面临倒闭的、有630名职工的制造业企业的业绩评比率，在一年内奇迹般从惨淡的43％提高到108％。这个领导者让员工全方位地参与，释放他们的创造力和激情，使得他们的工厂起死回生。他彻底废除了部落主义并建立了天衣无缝的运行机制和组织文化，即便是在经济困难时期，这都是其他的机构一直效仿的例子。当他不得不告诉他的员工，尽管他们辛勤努力，但他们可能不会得到奖金的时候，630名员工都起立鼓掌。他一直都很谦虚、勤奋并极有天分。

有太多的领导都被认为具有平凡的伟大，因为他们相信他人所具备的潜能并承诺去发展他人的潜能。

我们一个客户公司的新任CEO比尔（Bill），他任职刚90天，他告诉我们他很关心营销部。这个部门取得了很好的成绩并很好地代表了公司，但比尔告诉我们，"与我共事的其他几个营销部副部长都是直言不讳、充满活力的人甚至有点'行为过火'了。但另一个营销部副部长莎莉（Sally）在会议上很少说话，是个性格内向的人。她不可能成功，对吧？"

我们建议比尔花一天时间与莎莉一起会见供货商、广告代理、引荐来源和关键客户。这不仅会让比尔更深地了解他的业务、客户和市场，还能让他有机会更好地认识莎莉并使他对莎莉的能力有个更好的评判。他抽出了一天时间和莎莉一起工作，莎莉欣然接受。

结束了他们一天的行程和场地视察后，我们打电话询问比尔这天的情况如何。他告诉我们,莎莉的能力、营销实务知识以及与重要供应商、客户和前景的关系构建技能令他惊讶。这天,他们所拜访的广告中介机构的一名领导者告诉比尔,"不要被莎莉骗了。她看起来安静而谦逊,但当遇到对你公司利益攸关的问题的时候,她是只老虎!"比尔告诉我们,莎莉的例子给他上了真实的一课,他原来所认为一个成功的营销部副部长该有的言行和外表,却成了他的障眼物和成见。"我让其成为行为而不是结果。"他说。

在一个位于美国西部的客户机构里,我们结识了贝利(Bailey)。其时,贝利并不是那种不会引起人注意的人,因为他幼年时患的一场疾病使他身体的一半都失去功能,并使他的智力发育停留在10岁。在许多地方,像贝利这样的人会被拒绝聘用,但在我们的这个客户机构(一家医院),人力资源部经理蒂姆(Tim)和餐饮服务中心主任贝蒂(Betty)不但聘用了贝利,还给了他一个相当重要的工作:就是将盛满熟食的推车从厨房送到餐厅。如果你认为那个岗位并不重要,请看看都是哪些人在医院的食堂用餐:不仅有医院员工,还有病人的至亲——那些在最脆弱的阶段的人们。

贝利每天都会推着车从医院的主要走道经过,并对他碰见的每个人打招呼。这样,他成了医院其他员工的示范榜样,其他员工会对自己说,"如果贝利能对我和其他遇见的人打招呼,那么我也能做到。"这项行动开始在医院里发起,每个人都在过道上互相问好。也许你会说这是小事,但这样的平凡的伟大会给那些病人家属或接受治疗的病人带来重大影响。

贝利的问候举动在医院惊人地普及开来,那些没有对别人问好人就显得很突出了。通常贝利向人问好后,如果那些人经过了他但没对他的问候做出反应的话,贝利会跟着他们,并用他那可爱而单纯的语气问,"嗨,布莱恩(Brian),我说了你好,但你没有对我问好,怎么了?"这才叫有责任。

贝利曾经也这样对待过医院的CEO,CEO从贝利身边走过,全神贯注地在想事,没有对贝利的问候做出回复。当然,贝利不会顾及官衔,他跟上前去对CEO说,"我向你问好,但你没有对我问好。怎么了?"很自然,这让CEO停下脚步并说:"你知道吧,贝利,你是对的。我没有对你问好。我想是因为我在想其他事情。对不起。"当这位 CEO 讲述这个故事时,他说:"正是这样,贝利给我上了关于责任的一课,事实上我每天都被人关注着。我很高兴他有勇气质问我。在很多方面,他生动地证明了我们的建议是有意义的。"

我们谁都不知道贝利感动了多少那些处在最脆弱、最伤心和最冷漠阶段的人?他的确影响了我们的生活。我们感到很欣慰,蒂姆和贝蒂看见了贝利身上的平凡的伟大并让他自由地去改变。

智 慧 箴 言

接下来是切尔(Cher),一个供职于手机店的 21 岁销售员,在我的蓝莓(BlackBerry)手机坏掉后,我有幸认识了他。正在等候排队时,我无意中听到切尔和同事正在探讨名言警句并猜作者是谁。我加入了交谈并问他们是否知道一些贴切的关于伟大的名言,我想着或许我不会浪费了这个周六,并能为这本书增加点花絮。

切尔立刻以莎士比亚《第十二夜》(Twelfth Night)中的一句回答,"……不要惧怕伟大:有些人生得伟大,有些人成就伟大,有些人则被伟大所信任。"[3] 我被这位年轻人说的深刻的话语所启发,我问她是否能再说说她对伟大的理解。当她被问及立刻想到的三位伟大的人这个问题时,切尔回答道:"玛丽莲·梦露(Marilyn Monroe),我的母亲以及我母亲的一个朋友辛西娅(Cynthia)。"我感到意外而惊喜的是,她所提到的三人中有两人都是她生活中认识的人。

对切尔来说,玛丽莲·梦露是超出了生活的、具有超常天赋和毅力的人物。但当谈到母亲时,她的语气改变了,并两眼放光,"她是最伟大的人。她一直都在我身边,从不批评我。我知道她为我着想,我也知道我能一直依靠着她,不管发生什么,她都会无条件地爱我并直到永远。她是我的母亲。"

但辛西娅的故事更显出了切尔的成熟和洞察力。切尔谈到辛西娅对她人生观的影响。"她是我认识的最快乐的人。她把精力放在帮助别人上。从她的生活方式上我学到很多。我只希望我也能这样优雅而充满爱地生活。"

从人们对自己所认识的哪些人具有平凡的伟大这个问题的回答上来看，结果都较为一致。我们听到那些鼓舞和关怀他人并对自己的信念充满勇气的行为榜样。我们听到过独立养育全家的祖父母们；一位改过自新的吸毒者；一位同事，他收养了6名身体伤残需要帮助的儿童。我们听说一位帮助患病同事的员工。这位员工在她业余时间，通过销售糕点和其他募资方式为患病同事筹集了1,000多美元。

一位受访者谈到了一位她只知道其姓氏的护士，在她母亲弥留之际，受访者和全家连续几个星期全天守候在医院。在那段时间，他们体会到了医疗工作者对他们的照顾和关怀，一名护士让他们记忆深刻。这名护士对待她母亲和全家友善、和蔼并关怀备至。在她母亲最后的日子里，这名护士在下班时间返回医院，与全家陪母亲度过了最后两个小时。这次对其全家的支持给受访者留下了极其深刻的印象，受访者自从那时起就自愿在临终安养院帮助那些需要帮助的家庭。

一位同事向我们谈论了杰姬（Jackie）的为人，这是一位安静、谦逊的营销组成员："她工作努力，在编辑公司内部的通讯工作上表现出色，但她很少与人来往。因此，当我们得知杰姬在一个社团工作的时候我们大部分人都感到惊讶。直到有一次她请假，我们才知道她在一个智障儿童教养院服务。她已在教养院帮援了很多年，每周六都会带孩子们去参加公开活动，并教给他们自我生存技能，如洗衣服和购买生活品。她请了两天假是为了带孩子们去迪士尼乐园（Disney World）度假。杰姬自掏腰包支付了一些旅行的花费并从他人那里筹集了一些资金以支持这次旅行。我们营销部被杰姬对这些孩子的奉献精神所感动，于是大家纷纷掏钱，并专门制作了T恤衫和行李袋，让孩子们带着去旅行。营销组意识到我们可以更多地去帮助他人。因为她默默无私的行为，我们建立了帮扶一个家庭的项目，每个月我们都会共同为当地的困难家庭送去食物和生活必需品。"

我们从另外一位同事那里听说了苏珊（Susan）。"当我第一次见到她时，"那位同事说，"我并不太在意——实际上，我对她无动于衷，正如我所料，鉴于我从其他人那里听闻她的情况。她看上去说话支支吾吾的，并总是喜欢闲扯。她的打扮进一步表明了她不修边幅。她穿着松垮的服装，并不是很有魅力的女人；她从不化妆，头发也没有任何发型可言。"

"老实说，我并没对与她一起工作有过高的期望。我曾担心我只有对她进行精细管理才能达到想要的目标。但当我们开始进行多项目管理工作时，我发现她的贡献十分有价值。她全身心地投入工作而且积极好学。"

"与她一起工作越久，我越认识到苏珊对复杂商业决策的非凡直觉。她持续而理性地评估各项方案并判定最优对策。我先前对苏珊缺乏条理的看法是错误的。事实上正好相反。我开始分配更多的任务给她的小组，不久后，她被公司上下称为敢作敢为的人，因为她会带头去做最难的项目。当确定公司的一个新管理职位时，苏珊当然是不二人选。我们的同事能克服对苏珊糟糕的第一印象，发现她具有的平凡的伟大，并给了苏珊展示自身优势的机会，也给了公司机会。"

我们的一位受访者谈到她自己独到的看法："我认为平凡的伟大，它不是在众人瞩目时做的事情，而是默默地在看似无关紧要而没有人注意的时候做的事情。"人们似乎意识到平凡的伟大的关键是：当我们不在意谁得到荣誉的时候，一切都有可能发生。

障眼物效应

我们向受访者提出了最后一个问题："这两个问题中哪个更难回答，为什么？"几乎无一例外，受访者都表示关于自己认识的人里谁具有平凡的伟大的问题较难。为什么呢？如同一位富有洞察力的人说的那样，"他们对我来说伟大；我不知道其他人是否也这样看。"另一位谈道："对我们认识的人，我们能看见他们的优点，但也能看到他们的缺点。"另外一位解释道，"你更难从你每天都见到的人身上发现到伟大。因为他们会不知不觉地影响到你。"

我们每个人都受到障眼物效应的影响。我们都会倾向于将伟大同其包装形式联系起来，媒体在绝大程度上影响着其包装形式。媒体通过在高尚的环境里描述有钱人及名流为我们创造出了英雄。不管他们的私人生活常常不是完美无缺的。他们的缺陷要么隐藏着要么以一种错误的方式影响我们。识别那些掌控着媒体资源的成功人士的伟大更简单些。

偏见和先入为主的观点也在起作用——偏袒阻碍我们客观地看待一个人、一个问题或情况。我们用不同的眼光看待身边的人，并且过分地受自身对他们行为解释的影响。那些我们认为具有平凡的伟大的人在陌生人看来并非如此。

让我们看看国际化妆品巨头雅芳公司（Avon）背后的故事。雅芳公司创始人戴维·麦康奈尔（David McConnell）1858年出生于纽约奥斯威戈（Oswego New York）。他本计划成为一名数学教师，但1879年他开始在纽约挨家挨户地销售书籍。为了鼓励顾客让他进入其家门并聆听他的介绍，他会提供给顾客一个小礼物——一小管香水。在当地药剂师的帮助下，他竟然创造了自己的香水品牌，并在顾客中十分受欢迎——实际上，比他销售的书籍更受欢迎。麦康奈尔发现图书是一次性购买，而他的香水却是能带来回头客的生意。

年轻的麦康奈尔决定创办香水销售公司。他将公司命名为雅芳，因为他的家乡纽约拉马坡（Ramapo）的萨福恩（Suffern）让他想起威廉·莎士比亚（William Shakespeare）的故乡埃文河畔斯特拉福德（Stratford-on-Avon）。1886年，麦康奈尔创始了雅芳事业。到1887年，他有12名女性员工销售18种香水。1937年，在他生命的最后阶段，雅芳公司拥有超过30,000人的销售代表，销售量上百万。直到今天，雅芳仍然在全美国化妆品和香水销售业中首屈一指。[4]

麦康奈尔的真正天赋在于他所挑选的分发产品的这群人。其他人也许会将毫无销售经验并仅能将部分时间投入到工作中的农村家庭妇女视为累赘。麦康奈尔则将他们视为成立跨国公司的基石。

他清楚地懂得平凡的伟大的概念。

曲棍球爱好者、加拿大皇家空军（Royal Canadian Air Force）军医桑迪·沃森（Sandy Watson）在一支由业余曲棍球队员组成的临时球队中看到了奥林匹克金牌的希望。

1948年，加拿大曲棍球官员决定放弃那年冬季奥运会（Olympic Winter Games）的参赛权。这个消息让沃森医生十分不安，于是他开始积极组建一支不曾存在的球队。"当我看到新闻头条说我们——一个伟大的曲棍球民族——将不会派出球队参赛的时候，我很气愤，"他说，"我想也许我可以做点什么。"

职业曲棍球球员不能参加奥运会，于是沃森医生在一年内召集了一帮打曲棍球的空军士兵队伍。1948年冬季奥运会结束时，这支加拿大皇家空军飞行员队伍克服了重重困难，取得了七胜一平的成绩，获得了奥运会金牌并在加拿大奥林匹克名人馆拥有了一席之地。

沃森医生随后成为了加拿大著名眼科医生之一。他被描述为"强大的力量"，他证明了当我们相信周围人的潜力时，我们取得成功的能力是无穷尽的。[5]

记住，我们的成长环境、生活经历以及学习状况导致了我们对他人及其行为的事先形成的看法。这些障眼物使我们在回答"你所认识的三位具有伟大人格的人是谁，为什么"这个问题时感到很难。

跨越障碍，取得成功

普通大众发现平凡的伟大的途径之一毫无疑问就是电影。当然，充满爆炸和撞车场面的暑期电影档似乎总能吸引大批观众，但巨额的好莱坞制作费和媒体宣传并不总能转化为票房收益。最近低成本制作的、在观影者中引起了共鸣并为其创作者带来了收益的电影，有《贫民窟的百万富翁》、《阳光小美女》、《难以忽视的真相》以及《朱诺》。这些是很"平凡"的电影，但观众从这些电影传递的信息或至少从娱乐价值中看到了伟大。

戴维·卡尔(David Carr)注意到了这种趋势并在《纽约时报》(The New York Times)中写道:"制作糟糕的电影很难,因此要制作出伟大的电影几乎是不可能的,这是电影行业不言而喻的道理。但当形势对电影制片商不利的时候,困难会异常地大。许多伟大的电影并非来自于演播室,原因在于缺乏大型拍摄经费和买单人的'帮助'迫使电影制作商去创新。最终,你不能制造电影卓越;你只能使它成为可能。"[6]

"你不能制造卓越;你只能使它成为可能。"看起来电影制片商是靠着较小的预算独立作战,依然能制作出风靡的电影,因为这些电影制片商没有太多的障眼物。他们不允许任何事阻碍追求自己的艺术理念。同样,他们远离带有"绯闻"、"金钱"和"帮助"色彩的好莱坞官僚体制,因此这些导演和制片人更能追求平凡的伟大。因此,这些电影为观众带来永不过时的观念和想法。在某种意义上,他们的伟大超越了平凡并成为一代人时代记忆的一部分。

你对与你一起共事的人、为你做事以及和你协作的人而言,是鼓励了伟大还是阻碍了伟大?你想留给后人的是充斥着打斗和动作但容易被遗忘的高成本大片(似乎目前在上映的电影有半数都是这样的),还是一部用心制作的、平凡但传递着永恒信息的小制作电影呢?

障眼物是阻碍我们从周围人身上看见平凡的伟大的天然抑制剂。尽管所有的领导者都有障眼物,但关键是要发现它们并知道其影响。

不同的人对平凡的伟大的判别各有不同。

- 你第一个想到的具有平凡的伟大人格的人是谁?
- 为什么会想到那些人?
- 举一位影响了你生活并且你认为是伟大的人,他(她)怎样影响了你?

第三章

为什么人们不能
发现平凡的伟大

> 地铁站有位音乐演奏者,于是我的儿子被吸引住了。他想过去听,但是我们忙着赶时间。
>
> ——谢伦·帕克(Sheron Parker),IT 经理[1]

约舒亚·贝尔在地铁站演奏的故事(前言中提到)中最有趣的部分是他对那天在地铁站看见他的孩子们的影响。这些孩子们都想停下来听他演奏。是贝尔的个人魅力和他弹奏的音乐以及他出色的小提琴技艺吸引了他们,还是这些经历给孩子们展现出了贝尔的伟大?更重要的是,这些孩子是如何在成年人都没有在意的时候注意到他的伟大的呢?

儿童能沉浸在眼前的事物里——他们的经验水平决定着他们总会好奇并不断地关注新的经历。他们的学习能力更强(儿童能比成年人更快地掌握一门外语或乐器),他们能将注意力集中在过程和结果上,并有很强的适应力。好奇心和探索欲使他们富有创造力,他们常问"为什么"以及"为什么不呢",他们还不具备那些成年人已有的各种各样的障眼物,他们也还没有限制自己或周围的人。儿童的真诚和透明成为了众多幽默书籍和电视节目的题材。尽管父母有时对孩子的所作所为有所不安,但孩子们天生知道真诚且不拘束的交流的艺术。哲学家、发明家理查德·巴克明斯特·富勒（R. Buckminster Fuller）评论道："所有的儿童生来就是天才；10,000 个里有 9,999 个儿童都会被成年人在不经意间认为不是天才。"[2]

演员威尔·史密斯（Will Smith）谈到他的儿子杰登（Jaden）时说："他改变了我的表演。你知道，当你感到了你的伟大时，那将是很纯真的。在和他玩耍，而不是拍戏时，只要看着他，我就会重新发现让我成功演出《贝莱尔的新鲜王子》(The Fresh Prince of Bel Air)的原因。"[3]

演员克里斯托弗·里夫（Christopher Reeve）(1952-2004)曾经说过："有些人能健全地行走，但他们却比我瘫痪得严重。"[4] 本章着重讲障眼物，它们让你失去了在不经意间看见伟大的能力（见图 3.1）。作为领导者，如果你能清除这些障碍，那将是比参加任何提高领导潜力的讲座都更好的投资。从某种意义上说，在你组织或公司需要的所有伟大都早已存在于你周围，犹如"地铁站"。但你是否急着准时赶乘列车？是否是那些挡在你每天入口处的事物阻碍了你停下来并辨识出你面前的伟大？或你是不是不经意地经过并向那方向投了些钱，与伟大有所接触，但你并不知道它的价值，也不知道它对个人和组织的成功带来更好影响的方式？你如何回答这些关于领导力的问题或许能给你提供如何或是否能发现平凡的伟大的信息。

图 3.1　阻碍识别平凡的伟大的障眼物

思 维 定 势

首先阻碍我们发现平凡的伟大的障眼物就是思维定势,在奥斯卡获奖电影《心灵捕手》(Good Will Hunting)中有经典描述。马特·达蒙(Matt Damon)饰演一位在常春藤大学(Ivy League college)打扫教室的清洁工。他的低微地位掩藏了他的才华。

他在擦地板和清理垃圾的时候注意到教室黑板上写着一道很复杂的数学题。教授写下这道难题是希望杰出的学生能解开。时间过了很久,这道难题还是没人能解开,最终达蒙饰的角色不由自主地拿起粉笔并解开了这道难题。第二天,兴奋的教授让解开这道题的同学站出来接受奖赏。同学们纷纷环顾四周,没有人站起来。教授又出了一题作为诱饵,这样,达蒙所饰角色的身份被解开。但教授不能相信,一位清洁工怎么能正确解答出一道难住了整个受过高等教育并成绩优异的班级的数学方程式?[5]

这位教授只是做出了与我们每个人经常做出的一样的反应:他过早地从外貌上对一个人做出了判断,并根据环境将其划分。他万万没想到自己会在学校的大楼管理间寻找伟大。结果就是:如果伟大在你未料到的地方,你就不会看见它。"我们大多数人一听到或读到什么的时候,就会倾向于立即在脑海中将其分为真的或是假的、好的或是坏的、正确的或是错误的。当然那并不一定是管理者不好的特性,但对领导者是致命的,"引自史蒂芬·桑普尔(Steven Sample)的著作《领导人的逆思考》(The Contrarian's Guide to Leadership)。[6] 为什么呢?因为作为领导者,如果我们的思维事先已经陷入明显的"模式"或思维定势,那就没有空间让我们能深思熟虑并客观地思考变通的办法了。

我们都会关注一件神秘的事:那些与我们共事的优秀的高层管理者先入为主的习惯有多严重。这些领导者怎么会没有发现其认识的人的伟大的呢?这经常发生。举例来说,我们的一位同事,一名西海岸(West Coast)极富才华的咨询顾问,他看到他所加入的一个教堂有很多的改进机会;但教堂的领导层没有一个人相信,每个星期天与他们相处的礼拜者能建议他们进行改进。他们将他和礼拜者划分为一类人,而注重来自另一个镇的顾问的意见。

我们提醒这位同事,耶稣(Jesus Christ)也许在家乡拿撒勒(Nazareth)不能吸引人群,在那里他没有成为王中之王,他是"木匠约瑟(Joseph)的儿子"。或许这困扰着耶稣,因为他说过:"墙里开花墙外香;先知不容于故里。"[7] 耶稣深知并教育大家先入为主是人类灵魂的一部分,不可能消除,但人们常能管理并防范它。

先 入 为 主

障眼物事先形成的观念——没有充足证据而形成的观点——是一个复杂的神经系统的作用结果。人脑是由数十亿个叫做神经元的细胞网组成的,神经元通过电化学脉冲相互传递信息。尽管估计的数目有所不同,但大多数科学家认为人脑中神经元的数量大约为 1,000 亿个。这些神经元是人脑信息处理的电路。人脑凭借生物、心理和社会因素协调其获得的数据。

社会因素——你的生长环境、生活以及学习经历——使你习惯于用固定的模式预想事情而不设想其他的可能性。在相信有些事是对的时,你便期待相应结果并据此判断及采取行动。在商界先入为主的例子就是一位财务总监(CFO),他的工作成天围绕着具体的数字,他也就不会有多少创造性。然而我们遇到许多 CFO,这些人打破了我们的传统看法,他们其实非常富有想象力。

另一个先入为主的例子就是最近的华尔街(Wall Street)丑闻。美国人民理所当然地预先认为我们的金融体系健康并运行良好。毕竟,金融市场一向稳定并创造了无数白手起家的百万富翁。有房人的数量打破了纪录,华尔街操盘手和抵押经纪人赚了很多钱——为什么要质疑呢?但当证据确凿时,人们惊呆了,他们失望地得知自己原先的观点是大错特错的。

在心理学中,基于过去的经验而事先形成的观念或想法被称为过早的认知承诺(PCCs)。PCCs的三大组成是:

1. 仓促。未进行充足的分析和准备而得出的结论。
2. 认知。学习、熟悉或了解事物的过程;有意识或无意识地发生。
3. 承诺。持久的意见或信念,并成为处理信息和形成观点的过滤器。

简而言之,过早的认知承诺——基于感知或习惯形成的结论,没有首先获得足够的可以证明我们的预想是正确的事实信息——常常导致错误的安全感。他们等同于将我们的思维锁定在某些位置,例如照片,并使那个锁定的位置成为其他意见形成的直觉参考点。PCCs使我们不假思索地用某种既定方式思考和做事,如同条件反射。想想早晨穿裤子,你会细想该先穿哪只腿吗?也许大家都不会,因为穿裤子的行为已日久难改了,是"自然"或"自动"的行为。PCCs常是我们采用的思考方法或行为,因为它们在某一段时间讲得通;即使这些思考方式或行为会逐渐过时或不相关,但我们还是会坚持。在工作中常会有这样的状况,那些曾经基于特定目的而设立的委员会,随着时间而演化为仅仅是回顾以前会议所讨论的问题的会议。这些会议会延续下去,因为"我们总是开会"。

PCCs的优点在于你能轻松地完成日常活动;不利在于,它们建立起了你并未觉察且忽略的界限,那将阻碍你突破思维限制。

我们向很多团体都讲述过一个能阐明这个概念的故事。在印度,当训练小象顺从的时候,都会用铁链将它们与大树拴在一起。于是随着小象的成长,铁链和树都会逐渐变小。最终,人们能用细绳将一只成年象拴在一株绿色植物上,它们都无法逃走。生活的经历将让它形成固定的观念,使它受到束缚。

相似地,在一个水族馆,当插入清洁分配器时,鱼会很快适应被分隔的水族空间。当分配器移开时,鱼会仅在它们所知的玻璃分割器划定的区域游,而不会游到其他区域。

这就是PCCs如何影响着人们的生活。你认为这些根深蒂固的观念——甚至并未察觉——是真理。你几乎不去质疑、检验它们,或思考它们能如何影响你。它们是深植于内心的观念模式,让你预先决定了可能性,并封锁了其他的替代方法和意见。

在某些案例里,正面的认知承诺会带来正面结果。前总统罗纳德·里根(Ronald Reagan)假定他遇见的每个人都会喜欢他。这个信念对他来说是个正面的认知承诺。结果,甚至他的敌人都在社交场上被他吸引。民主党议员及白宫发言人托马斯·奥尼尔(Thomas "Tip" O'Neill)指出,当他反对里根政策的时候,在个人层面上,"我发现很难不去喜欢他"。[8]

让我们又回到大象的故事。尽管生活经验使它习惯性地认为自己生活在狭小、有限的空间,但当遇到危及生命的状况时,认知障碍就会消除。当面对巨大的危险例如火灾时,大象将会冲破强加于自身的束缚并逃跑。新的知识(高温、火、危险)战胜了条件作用。

我们怎样能找到新知识源以克服事先形成的观念障碍?让我们想想约哈里之窗(Johari Window)教会我们的知识。这是一个描述人们沟通和关系演变的极其有用的模型。画四片玻璃窗,将自我意识分为四种不同的区域:开放区、隐藏区、盲区和未知区(见图 3.2)。[9]

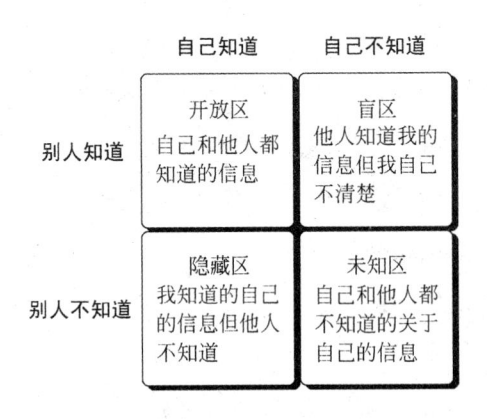

	自己知道	自己不知道
别人知道	开放区 自己和他人都知道的信息	盲区 他人知道我的信息但我自己不清楚
别人不知道	隐藏区 我知道的自己的信息但他人不知道	未知区 自己和他人都不知道的关于自己的信息

图 3.2 约哈里之窗

第一个是开放区,指自己和他人都知道的信息。第二个区由自己了解而他人不了解的信息构成。第三个区是他人知道的而自己不了解的关于我的信息。未知区指自己和他人都不知道的信息——换句话说,集体无知。

根据约哈里之窗,处于新的环境中能影响第四个区域。能发现先前都不知道的知识或信息。新奇的环境和事态有助于扩大开放区并缩小未知区,使我们与他人的关系得到提升。

寻找新的经历,让自己接触全新的环境和人能提升你的自我意识以及对他人的了解。进而你认识到你无意识想到的和做的事情并不总是合理的。这个自我发展的模型也许是纠正先入为主的第一步。

超级马拉松选手迪安·卡纳泽斯(Dean Karnazes),连续跑了10个马拉松长跑的距离,他一步一个脚印地克服了他的障眼物。"我在第240英里时坐了下去,我确实不能走下街沿。"他讲述道,"我想,我要怎样才能再跑22英里呢？答案是,婴儿步。我对自己说,'首先,站起来。'我做了三次才成功。接下来,'到达停止牌那里'。再'到达垃圾桶那里'。很快我就完成了英里数。我用了6分30秒跑到了262英里。"他发现有时候找到平凡的伟大的秘诀是立刻行动,就在此时此刻。[10]

在你的员工递辞职信前,在只留下你后悔忽视了他的才华和应该早点发现他的平凡的伟大前；或在那些潜能未被开发的员工不再参与到公司中并只是应付工作之前,采取积极的措施并清除障眼物吧。领导者每天与平凡的伟大擦肩而过。他们有责任更开放地去发现平凡的伟大。

个 人 偏 见

偏见(bias)一词,起源于法语,原意为倾斜(slant)。偏见后来意指偏爱,让人不能客观地考虑一个人、一件事和形势。那些影响你观点的假定能改变你处理信息的方式。换言之,偏见影响你对他人与他们伟大的能力的看法。

偏见有多个方面。第一个是熟悉度。它常指"常识"。人们会相信熟悉的事；因此,长期与某人熟知或熟悉某个环境让你很少仔细审核。即便那个知识是错误的,你也很可能不会去质疑,因为它很熟悉。另一方面是那些不熟悉的事物，你就会不相信或拒绝。

思考下面的例子：在结束了疲倦的商务会议出差后，面对回程航班的延误，玛吉(Marge)在机场商品店买了本书、一杯咖啡和一小袋姜饼。机场十分拥挤，她找到休息区的一个座位靠着一位陌生人坐下。阅读了几分钟后，她被书的内容吸引。她从袋里拿出一片饼干并喝着咖啡。令她吃惊的是，她身旁的陌生人也冷静地拿了片饼干并吃了起来。她惊讶得说不出话来，甚至都没正眼看看那陌生人。她感到很紧张，但仍继续阅读。几分钟后，她慢慢地拿出并吃起第三块饼干。难以置信的是，这位陌生人也拿了第四块姜饼并吃了起来；接下来，令玛吉惊愕的是，他拿起了姜饼袋并请玛吉吃最后一块饼干。这太令人无法忍受了，玛吉气愤地拿起行李，怒视了陌生人一眼并走向了登机口，她的飞机正在登机。她愤怒地摸着包掏登机牌……发现了她未开封的一包姜饼！我们是如此迅速地下结论并评判他人的意见和行为。

偏见的另一个方面是个人经验的影响。有的人会告诉你某个人、某件事或某个情景，甚至提供证据以夸大他或她的职位或对周遭的看法。但如果你曾经历过相似的事，你会倾向于接受你自己的结论而不是其他人的。

有个关于烤肉的故事。在将肉放入烤箱前，妈妈切下一块末端的肉。

她的女儿看着她问道："妈妈，为什么你会在将肉放入烤箱前先切下块肉呢？"

"我不知道呢，"母亲答道，"我的母亲常常在将肉放入烤箱前切下块肉。"

这位母亲很好奇地给自己的母亲打了通电话询问为什么她会在烘烤之前切下块肉。外婆也无法解释为什么。她说："我的母亲常这样做。"

最后，母亲和外婆打通了曾外祖母的电话。外婆问道："妈妈，你为什么在烘烤肉前切下一块末端的肉呢？"

曾外祖母回答道："我切下末端的肉是因为我的锅太小了，不能容纳整块肉！"

偏见的第三个方面是选择性认识，它会改变我们对现实的看法。例如，你准备买一辆白色轿车。突然间，你所到的每个地方只要你一看见白色轿车，你就会很快认为它必定是最受欢迎的颜色。也许在老板看来你过去一年的表现并不十分令人满意。他或她以后对你说的任何话都不可信，即便是表扬。这方面偏见的结果是人们会倾向于寻求并相信那些支持他们自身观点的信息，而拒绝与之矛盾的信息。事实所占分量较轻，因为个人看法占很大分量。

在商业往来上，偏见的危害很大。《哈佛商业评论》(*Harvard Business Review*)一篇优秀的文章提到："许多公司会在合并和收购(M&A)的过程中检查某个阶段的潜在风险，但却常常不会投入与最初的交易分析那种深度相同的洞察力和系统性。"[11]文章进一步阐明了在投资谨慎检查中普遍出现的偏见，例如证实性偏见，人们偏好寻找能证实交易的信息，以及过度自信的偏见，这种偏见使领导层提早投标，即使事实信息可能会和所投标的相反，公司都只有被迫工作并完成交易。要达成成功的交易，只有当领导层能退一步思考问题并采取不偏不倚的方法来协商合并或收购。

当组织尝试实施变革的时候会遇到很多困难，其中偏见占绝大部分。为了告诉大家障眼物的影响，我们用称为团队观念模式(group mindset)的方法来教育客户。我们告诉他们面对改变有三种员工类型。(见图3.3)

诱导者
完全参与并准备尝试新事物

煽动者
抵制改变，为保持现状制造烟雾弹

观望者
在决定支持哪边前，等待并看清大多数人的选择

图3.3　团队观念模式

在任何一个组织，推行改革都会展现出三种不同的员工类型。根据很久前的儿童故事，我们称其为"塔特"(Tator)原则：

1. 诱导者(Facilitator)。积极的员工,能完全参与并准备好尝试新事物的。

2. 煽动者(Agitator)。被动的员工,排斥任何改变并准备制造是非,为维持现状制造烟雾弹,坚信经理的职责就是让他们免于改变,而不是让他们面对改变。

3. 观望者(Spectator)。多为理智的员工,在决定支持哪边前等待并观察大多数人的倾向。改革会奏效的话,他们会站在改革派一边;如果不是,他们会加入反方。

领导者的挑战在于明确如何对待第二类人。因为这类员工的偏见和他们的选择性认识,导致他们认为领导层不可信,使得管理层会感到很难让他们参与到组织活动中;这类员工会制造杂音,如果没有及时处理好,他们会让改革的努力白费。领导者们并未理解到偏见的影响力,也不考虑我们的建议,他们总用事实、逻辑、讨价还价和其他战术去试图战胜那些反对派,这注定会失败。

理解了这些概念的领导者会花 90 至 180 天来努力改变第一类积极的员工。结果是,他们巧妙并成功地赢得了所有这三类员工。对于那些举棋不定的人,积极的一方显然更有胜算,因为管理层很重视他们。于是随着积极方的壮大,可以用实力地位来征服被动方,因为大多数的员工支持改变,似乎使反对方变得毫无依靠。文化就是这样被改变的——领导者着重关注公司中存在的积极的伟大。

偏见的最后一个方面是过快地下结论。调查结果再次告诉我们,对人和环境的泛泛而谈来自极少的经验。但这极少的选择性的例子却被认为是整个事件的代表。

从 1977 年至 1981 年的 5 年间,女演员苏珊娜·萨默斯(Suzanne Somers)在情景喜剧《三人行》(*Three's Company*)中扮演迷人的金发美女克里茜·斯诺(Chrissy Snow)。她所扮演的角色在观众心中留下了深刻而持久的印象。我(帕梅拉)曾与萨默斯一起短暂旅行过,在现实生活中,她是一位非常成功的商业管理者。她同时也是位博学而口才出众的人;一位美食烹饪家；一位作家；以及一位战胜了癌症的人。她并没有陷入好莱坞生活方式中，而是和我们大多数人一样，寻找从家具上去除猫毛的最好办法，并自己设计发型。但是人们记忆最深的还是苏珊娜·萨默斯在20世纪70年代末到80年代初的五年间饰演的角色。我们当中有多少人会在意自己那几年的"角色"会不会被人们永远记住呢？

从有限的表象概括人和事物，以及从第一印象判定是否进一步接触，这都是每个领导者需要警戒的。我们和许多这样的领导者接触过，员工对他们失去了信任，因为他们过快地下结论。在我们的咨询工作中，最受欢迎的方面就是训练领导者多方位、360度回馈调查。他们接受来自老板、员工以及同级的匿名信息回馈，并同自己对自我表现的看法相对比。以下是我们所看到的评论：

- 乔（Joe）做出决定并非依靠现实依据，而是根据他最不愿意看到的关于这个项目的事。
- 每个人都知道，你所需要做的就是成为第一个找到苏珊（Susan）的人，然后她就会站在你这边。
- 本（Ben）一旦形成了某个印象，即便现实证明他是错的，都不可能改变他的看法。

偏见能成为限制个人发展的重要因素。熟悉度、个人经历、事先形成的观点以及泛泛而谈会负面地影响你生活中的信息。其中任意一个都能影响你对他人及其伟大能力的理解。

外 部 焦 点

不管是否意识到，人们倾向于将伟大与其外部包装形式联系起来。他们也许是位高权重的CEO、富翁、政治人物、运动名将、电影明星或那些名流人士。外部标志被人们接受并很少有人去深入地质疑或检验。举个例子来说,作为管理层咨询顾问,我们工作的一部分就是与管理者面谈。人们都会认为这些领导者掌握一切,拥有六位数甚至七位数的年薪,在设施齐全的办公室(当然带有窗户)工作,住豪宅,并拥有豪华游艇。但当我们与这些管理者交谈时,我们发现他们对工作感到迷惑、烦恼、失去信心。一位乐观、踏实的大楼看管人达恩(Darren)却与他们相反。达恩全身心投入到工作中,清理垃圾和清扫地面。即使达恩是一家物业公司的合同工,但他知道他正在为办公室的良好运作做贡献,并且是团队中的一名有价值的成员。他常带来有趣的文章读给不同的人听,并且表达欲很强。在休息室常常能看到达恩特地为大家制作的糕点或饼干。

外部包装在优秀的职业运动员行业尤其普遍。公众形象总是高呼"任性的超级巨星",但那些假设却具有欺骗性。看看前达拉斯牛仔队(Dallas Cowboys)队员特雷尔·欧文斯(Terrell Owens)的故事。对全世界来说,欧文斯拥有一切。但事实并不是我们所看到的那样。2007年,外界广泛报道了他遭受的一次意外时过量服用处方药。欧文斯宣称当他回到队里时,他的主教练甚至并未问过这次意外或情况怎么样。是的,对我们来说,他是一位顶尖运动员并且是他们队的巨大资产。但欧文斯的生活里缺了与他老板的良好关系以及幕后的有力支持和保障。当他的教练和队友都投入到了欧文斯对全队的贡献里,他场下的行为充分说明了欧文斯生活里缺乏责任和真正的领导力。[12]

相反,匹兹堡钢人队(Pittsburgh Steelers)老板丹·鲁尼(Dan Rooney)对队员场上场下的表现都非常关心。

"那是从我父亲开始,"鲁尼讲道,"他给了我这样的价值观。他人性化地对待队员、教练和普通员工。他很关心他们。"

那种文化渗透进了整个组织——一种自我放松的氛围,有时候队员和教练似乎是在竞逐诺贝尔谦逊奖一样。"我们不在乎谁会得到称赞,我们所想要的就是赢得比赛。"钢人队教练迈克·汤姆林(Mike Tomlin)说。

鲁尼坚持着寻找不仅仅技术好的队员,更是能对他人和整个团队负责任的运动员。"他将这类人聚集到一起,并使得这里成为工作起来最有乐趣的地方。"汤姆林说。

结果是稳定并持久的。现在在汤姆林的第二季,他是钢人队40年来的第三任主帅,这充分证明了他对鲁尼的忠心、耐心,以及他对什么是建立一支成功团队的基础这一问题的理解。[13]

忙　　碌

美国人是工作狂,对计划、时间表和日程上瘾。我们急着赶飞机和火车,预定出租车,以及查看我们的蓝莓手机。Expedia.com 网站每年都会进行"国际假期休假调查",由 Harris Interactive 公司和 Ipsos Redi 公司进行。2008年调查显示,美国人可能少休了超过5.74亿天假期,美国每个18岁以上的雇员平均每年少休四天假。调查同时表明,尽管有超过1/3的人认为假期后他们会工作得更有效率、感觉更好,但仍有1/3的美国人没有休完所有的假期。[14]

即便是当领导者和员工在休假时,他们也会不离工作,多亏了笔记本电脑、电子邮件(E-mail)和手机。对工作的需求几乎占了日常生活的全部。从某种程度上来讲,美国似乎成了一个人们无法容忍不忙碌和没有生产效益的国家。我们持续地接受多项任务、处理人际关系、主持会议并筹集资金。即使是像足球比赛、出游和做家教这类积极的活动都加重着日程满满的青年人的负担。没有时间回顾,也没有时间努力去看未来,去发现平凡的伟大。

几年前,英国多家报纸都报道了一则故事,纽约一家出版社的员工在他的办公桌上猝死,并且5天后才被人们发现。死者是出版社的一名校对,据推测他患有心脏病,并死于一间他与另外的 23 名员工共同工作的敞开式的办公室里。他在星期一静静地逝世,但没有人发现,直到星期六早上被一名办公室清洁工发现。

是的,这个故事随后成了都市传奇并广为流传,因为许多人都相信这是真的。这个故事被认为真实反映了工作现实趋向:忙碌,以至于没有时间回想那些发生在你眼前的事。

据说 1903 年纽约城穿梭的车辆平均时速是 11 英里。2003 年纽约城穿梭的车辆的平均时速还是 11 英里。

我们真的快了吗?

美国新闻记者、作家亨特·汤普森(Hunter S. Thompson)(1937—2005)指出:"我去过那里,我能告诉你快车道杂乱堆着无数闷燃的损毁物。"[15]

认 知 因 素

因此领导者不能辨认出平凡的伟大有许多原因:划分人群;戴着认知障眼罩;带有偏见并偏袒某方;只看到外部表象而并未看到表象以下的真实;赞成已知的事物而忽视了潜能;无休止地忙碌而阻碍了思考。然而我们没能发现平凡的伟大的主要原因是环境。很简单,它常出现在我们没有料到的地方。

记得约舒亚·贝尔(前言中提到)吗?世界顶尖艺术家之一,国际知名小提琴家,他在地铁站演奏他最出色的曲子。他没有被认出,因为他所在的地方是他和伟大的才华不可能出现的地方。

伟大无处不在。本章告诉我们,平凡的伟大并不总在那些我们能料到的地方出现。它常在旁边的隔间,在地铁站,或在我们之中。

在《花生》(Peanuts)漫画全集的创作者查尔斯·舒尔茨(Charles Schulz)(1922-2000)晚年时,他负责了一项著名的活动,就是帮助人们思考生命真正意义的来源。他会让人们列出五位最近的海斯曼杯(Heisman

Trophy)、美国小姐选举（Miss American Pageant）和奥斯卡（Academy Awards）最佳男女主角奖的得主是谁？每个人都想不出答案，于是舒尔茨让他们列出激励并启发他们的人，影响他们最深的老师和帮助过他们的朋友。这次很快就有了答案。真正改变我们生活的人是那些有个人影响力，并关心我们的人。

美国哲学家威廉·詹姆斯（William James）（1842—1910）曾经说："人一生可做的最有用的事就是创造一些寿命比自己长的东西。"[16]

在普通的环境里发现伟大要求我们放开限制潜能发展的思维定式。

- 什么是你每天发现伟大所需的？
- 你最大的障眼物是什么呢？
- 你会如何推倒日常的例行公事这堵"墙"，从而获取新的观念？

第四章

领导者如何发现平凡的伟大

三分钟内发生了许多事。63名路人从他旁边经过,都只是短短地停顿了一下。一位中年男子停留了几秒钟,转过头看了看,发现似乎有个小伙子在弹奏音乐。是的,他继续匆忙赶路,仅此而已。

——摘自"一场特殊的音乐会",《华盛顿邮报》,4月7日,2007[1]

作为一位领导者,你是否知道自己容易被蒙蔽双眼,从而阻碍你发现并培养员工平凡的伟大呢?另外,你会怎样做来消除这些障眼物并成为更好的领导者呢?

在本章,我们会旁听一系列高管的会议,一位新任CEO给他的团队上的关于障眼物的一课。对话接着是一系列关于自我发现的测试,来帮助你发现自己是否经常被蒙蔽双眼,并帮助你更加清楚地知道能克服障眼物的具体领导行为。

忙　　碌

　　这是新任 CEO 约翰（John）上任的第一天，在准备会见领导团队时他有点紧张。他有许多问题想问他的团队，并期望从他们身上学到更多。

　　当大家都就座后，约翰讲到他将在接下来的几周里在每个会议上都提一个重要问题。他们对问题的回答会让他更了解他们的领导力，这比什么都直接和真实。于是他提出第一个问题："你在工作环境中引人注目吗？"

　　大家沉默了，抬了抬眉头并相互看看。最后，丽塔（Rita）发言："约翰，办公室真的很小。我们通常在上班经过停车场时或在休息间遇到大多数同事。"奇普（Chip）补充说道："人们看我们一个会议接着一个，每层楼都有会议室。"丽塔接着说："另外，恕我直言，我们都是非常忙碌的人，吸引、感染员工都是尽我们所能了。我想那就是我们所期望的。"

　　"我知道了，"约翰笑着说，"丽塔，明天我想请你和我一道去会计部看看。"

　　第二天，当这两位领导到会计部时，他们看到桌上放着一个大箱子，上面写着："给孩子们的书。"约翰好奇地走进箱子旁的一位员工，指着箱子问道："这是用来干什么的呢？"女员工红着脸说："老板，每年秋季，我会让部门的同事捐赠一本使用过或新书给一位孩子。我会将这些书送到当地的一所小学，那里的学生没钱买课外书籍。老师会将书整理并奖励给学生们。"

　　"啊……真是个好活动。我还有几本书想贡献出来呢，"CEO 回应道，"感谢你对他人的帮助。"

> 他对着丽塔说:"我想在全公司范围内开展表彰像玛莎(Martha)那样的价值榜样的活动。我想你是使这个嘉奖和辨识活动成为现实的最佳人选。"
>
> "这是个很好的主意,"她答道,"我明天会第一时间给你我的建议。"
>
> 约翰和丽塔继续逛了30分钟。当他们走向电梯时,丽塔问道:"你对领导团队提的下一个问题是什么?"
>
> 约翰笑着说:"我会适时告诉你们的。"

在当今社会,我们趋于一种"按部就班"的存在方式。我们不管是在工作中还是在私人生活环境中,都总是一项任务接着一项任务。多重任务处理成为了一项新的管理生存技能,于是,我们感到没有时间与同事建立并维护关系。"保持前进并完成任务"似乎成了日常准则。建立关系却不被重视。

如果你永远被忙碌遮住了眼睛,没时间在工作环境中进行观察,也没有时间维护关系的话,你就该考虑重估你的组织能力和优先考虑的能力了。这些特质能使你面对你的行程并能找出时间每天都在员工中出现。对行程的控制需要你的亲自参与,而不是让助手帮你把每天的行程都安排好。每天首要的任务就是与人们接触。你还有别的办法发现那些用特殊方式影响着别人生活的员工吗?

今天、明天和下周的行程安排是什么?还有时间做那些对提高你的人际能力至关重要的事情吗?如果没有,你如何能找时间辨识那些每天与你相遇的平凡的伟大呢?

自我评估:忙碌

- 你会坚持走访你的工作区,与同事建立良好的关系并坦诚地交谈吗?
- 你的同事认为你平易近人吗?

- 你的日常工作是否是按部就班的,忙于完成任务而没有与人交流?
- 你是否对行程安排和日历上瘾并只留下极其有限的时间与人交际?

事先形成的观念

当领导团队与新任 CEO 第二次会议的时候,约翰热情地招呼每一位人。他们看见投影屏拉了下来,约翰面前放着一台笔记本电脑。

他开始主持会议:"大家应该还记得,我曾经说过,接下来的每次会议我都会向大家提个问题。噢,顺便说说,你们每个人都收到了我发的 E-mail 了吗,关于上周我和丽塔走访时发现向孩子们捐书的活动,以及我们着手开展一项新的辨识活动?"

听到肯定的默默私语,约翰看起来比较欣慰。"今天的问题是,我们如何使员工自主地工作?"

"如果你的意思是如何能使员工干更多的话,那我洗耳恭听,"卡尔(Carl)谈道。

"噢,那很简单嘛,"比尔(Bill)接着说。"发奖金。大家都喜欢钱,并且我们公司有很好的奖金项目。"

"绝对是,"保罗(Paul)也表示同意,"钱是万能的,能让人们更卖力工作。我保证他们能获得年终奖。"

"约翰,"托德说,"你肯定知道工厂的员工对其他都不感兴趣。有时候当抱怨者要闹事时,我就适时地实施另外的奖金计划——那是他们都懂的。"

"真的吗?"约翰问道,"还有人想说点什么吗?"

没有人回答,于是约翰接着说:"我想当我们谈自主工作时我们说的并不是一件事。让我问问另外个问题。你们怎么会知道员工坚持不懈地贡献他们的最大努力是因为你所提供的某种金钱激励呢？"

"嗯……众所周知呀。"比尔答道，"得了吧，约翰，别告诉在当你知道有笔奖金或要提薪的时候不会更加卖力工作？"

"当然会，我比任何人都爱钱，"CEO回答道，"但这并不是我全力奉献的原因。实际上，我并不认为那是使同事任劳任怨工作的必要条件。"

他打开电脑。"这是我上一个工作所做的一项调查结果。我让员工列出他们全身心投入到工作中的原因，金钱确实位列其中。他们给出的结果和我看到另一个研究数据相似。"

团队成员开始看投影屏上幻灯片的内容。以下是他们看到的：

我投身于工作是因为……

1. 我知道工作对组织成功的重要性。

2. 我的贡献得到认同。

3. 我的公司注重培养我。

4. 我的同事很积极，给我很多支持。

5. 在经济方面，我得到公平的奖励。

6. 我有资源、高效率地工作。

7. 我的工作充实并切实可行。

（待续）

"你会发现，"约翰说，"金钱排在第五位。然而，最值得注意的是我们使他人自主投入工作的职责。我们作为领导者的底线是要对我们的员工是否每天全心全意地投入工作负责。"

当他关上电脑，团队的成员面面相觑。最后，丽塔说："对了，约翰，我想我能代表大家说，我们都期待下一次会议你带来的问题……也许我应该讲出答案。"

也许你对于激励你所领导的员工的原因有事先形成的观念,或者也许你在哪些人能胜任方面倾向于划分。如果你易于受这些障眼物影响,你就会忽略那些平凡的人们,他们能逆境求生,能战胜挫折取得成功,或在有限的环境中脱颖而出。最后,证明我们身边的英雄并不为金钱所动。

要消除这些障眼物,领导者要注重交流和人的发展这两项领导特质。交流对于能增强工作环境中的伟大的自主努力有战略性的意义。保证每位员工都知道他们的努力对组织成功的影响——事实上,他们是组织的主人,并会超出你的预期。将员工所做的与他们为组织创造的价值连接起来。

交流同时也是倾听。开阔眼界发现伟大也包括听到它。收听反馈的信息将有助于你发现那些辛勤工作并影响着他人的人。

领导者的职能是教导、培养以及激励他人发挥潜能。激励同事并让他们挑战自己从而取得优异的成绩;帮助他们超越已知的能力发挥潜力。当你发展一位员工时,你不仅在创造一位具有伟大能力的成功之星,更是为组织奠定坚实的基础。

此外,发展员工和凸显潜在的伟大,需要充分了解是什么在激励着他们。专家告诉我们,实现个人潜力和自我价值的欲望驱使我们不断努力,而非其他事物——不是金钱、名望、地位、成就或头衔。那些表现出平凡的伟大的人达到了最高和最伟大的自我实现;也许那是他们的自我激励。

自我评估:事先形成的观念

- 你知道是什么激励着你的员工吗?
- 你会犹豫于是否支持新的处理工作事务的方法吗?
- 你会理解支持每个人,无论他们现在的表现怎样吗?
- 你会相信某类人永远不会有优异的表现吗?

自我评估:划分

- 你会将员工日常所做的工作与组织的成功联系起来吗?

- 你会认为个人的自主努力程度直接反映了他们奉献的水平吗?
- 你会鼓励员工发展和参与学习吗?
- 想象员工在他们不擅长的领域工作对你来说难吗?

尽管"偏见"一词含有贬义,但在现实中,它只是表示个人意见在某种程度上往一方倾斜。我们所有人都会对特定的人、情景和结果有赞成或否定的偏见。由于我们是内在空间盲,我们常常不能意识到这些偏见。这需要我们积极地消除障眼物,并保证跟随我们的员工都能全面地受到支持鼓励。

个 人 偏 见

> 整个团队紧张地等待约翰的到来。至少可以说,上两周是有意义的。他们开始意识到约翰正带来新的领导理念,并且他发现了这个团队从未意识到的杰出的人才和事件。
>
> 约翰走进会议室并迅速开始会议。"我们开始今天的会议,主要有两个问题要讨论。首先,你们多少人听说过空间盲?第二个问题,你会怎样做才能保证空间盲不会限制个人潜能的发挥?"
>
> 比尔第一个发言,他说:"记得我在读研究生时的心理学课上讲过空间盲。它是指我们只看到了事物的部分而未看到全部。我们会假设每个人都和我们一样,而就是不会停下来想想他人的观点。"
>
> "很正确,比尔,"约翰回答道,"那么空间盲的必然结果会是什么呢?"
>
> "嗯,我们的'理所当然'可能会是错误或有限的,因为我们未看到事物的全部?我们就不能感同身受?"
>
> "回答得很好。问题的第二部分是如何保证这些限制不会阻碍员工潜能的发挥。"

领导者都面面相觑。"哇,那很难,约翰,"卡尔最终答道,"我相信我们曾经都有过失。你的想法是什么?"

"空间盲在商务关系中普遍存在,"约翰说道,"并且我承认曾经也在这方面犯过错。在前一个领导职位,我能看清自己的工作环境,但却很难看到员工所处的工作环境。我能轻易感受到自己日常工作面临的压力和挑战,但却难以感受到员工经历的一切。我对他们的工作有些早就形成的观点,但并未有全面的知晓和理解;同样,我的空间盲让我将他们以及他们的能力主观地划分开。我未能给他们更多的自主权,因为我当时并不相信他们在关键时刻驾驭任务的能力。"

"但有一天一切都改变了。"

会议室变得安静了,每个人都仔细聆听。

约翰接着说:"我的一位同事提出了一个我一开始不屑一顾的建议。我告诉他领导不会去做的,并且我认为那是在浪费时间。但他一直坚持并最终说服了我。"

"那是一个我们领导团队的职业影子计划。所有领导者都要切实与一位同事在基层并肩工作一天。他们必须穿上特定的制服并且完成实际的任务。实际上,他们必须接受每天碰到的挑战,就是基层员工每天面对的工作。"

"那真是让人大开眼界呀!我和酒店的一位客房服务员一起工作了一天,让我告诉你们,这是一份很艰难的工作。房间的布置、味道和客户需求都很难把握。并且所有的房间都必须在限定时间内清理完,压力相当大。但这位女服务员一直保持着稳健的步伐,脸上也挂着笑容。对于我们在走廊遇到的每位客人,她都一一热情欢迎并询问他们在城市要待多久。"

"当我们走近一间特殊的客房时,她告诉我一对夫妇住在那里。她

> 前一天见过他们,他们正准备去旅游。这对夫妇是为了庆祝结婚50周年,并且这次旅行他们梦想了多年。他们结婚时承诺要在结婚50周年时在旧金山(San Francisco)度过。当这位妻子说她患有癌症并生命可能只剩下不到一年时,这对夫妇的故事变得更加感人。这位女服务员被夫妇的故事打动,并告诉了她的主管。当这对夫妇旅行归来时,他们收到了一瓶香槟,是来自酒店的敬意。当时我意识到我的世界观是很狭窄的。这个员工对组织来说是有价值的资产,并且能感染和启发她的同事。我还错过了其他什么呢?选择性的观点、偏见在多大程度上阻碍着我发现员工的伟大?为此我能做点什么呢?"
>
> 当他说完这个故事后全会议室的人都沉默了。首席学习官(CLO)罗布(Rob)清了清嗓子,"所以第一步是要调查在我们公司实施领导职业影子计划需要做的?"
>
> "这只是个开始,"约翰说,"这仅仅是个开始——我们还有很长的路要走。"

要确保你并非是伟大或潜在的伟大的空间盲,你应该注重两个核心领导力——讲求团队协作和发展个人控制力。

大多数领导会告诉你团队协作至关重要,但他们往往未能使团队协作全面发挥。扪心自问你的周围是否有与你的想法截然不同的人,或者你是否习惯将那些能很快支持你意见的人归为一个团队。

由于不同的观点、解决问题方法和意见的交流,团队多样化能极大提高工作效果。更易于开阔眼界发现潜能,更易于发现同事们工作和私下生活中所做的卓越的事。然而,如果工作环境中都是想法相似和做事保守的人,那就是另外一回事了。

最好的领导者常会感同身受地参与团队协作。当你理解并欣赏他人的意见,常常换位思考的时候,那就很难会有偏见。当你能适应、感受并了解团队的时候,消除空间盲就很容易了。你的领导力和与人协作的能力通常取决于"阅读"他人的能力。这是通过有意识地站在他人的角度想象事情来实现的。

你也可以花时间询问你的团队,认真听取答案,并从他们的角度思考问题,以此培养感同身受的能力。缺乏同感能让你产生偏见并影响领导力。

自我控制力需要树立自信来确保每人的潜力都全面实现,而不管他们在组织担任的岗位是什么。利用好自己的强项并让具有你所缺优点的员工参与进来。最佳的领导者能自我发展,他们通过阅读学习他人如何鼓励伟大并发现人们的潜能。

美国历史上最著名的读者是亚伯拉罕·林肯总统。他对书籍和阅读的热爱塑造了他的生活和这个世界。在林肯家的小屋里只有一本书——《圣经》,这是年轻的林肯的第一本书。他常借阅名著,比如《伊索寓言》(Aesop's Fables)、《天路历程》(Pilgrim's Progress)以及《鲁滨逊漂流记》(Robinson Crusoe)。在田里工作的午间休息时间,他会从口袋里拿出一本书,在树下认真阅读。22 岁时,他决定提高自己的语法基础。于是他走了 6 英里路借了一本语法书籍,这本书他是借着炉火学习完的。随后,他成为华盛顿国会议员,让他的同事感到有趣的是,他常常泡在国会图书馆阅读。

众所周知这位伟人在他短暂的生命中的成就;或许没有比他更好的领导者的例子了,他绝不会被事先形成的观念、成见以及个人偏见制约。如果他的思想和人文观念没有受他从世界上最深刻的书籍中获得的知识影响,那么我们今天的民族将会是怎样?

阅读能帮助我们看到世界的真实面并有助于消除障眼物。它能阻止错误信息,扩大我们周围的世界,并让我们更容易发现身边平凡的人每天做着的伟大的事情。

自我评估：个人偏见

- 你对工作环境的印象是来自亲身体验，而不是别人告诉你的吗？
- 你对他人的意见会受到所听到的信息的影响吗？
- 你会基于先前的经验很快下结论吗？
- 你容易理解他人的想法和观点吗？

外 部 焦 点

公告宣布第二天的会议将在新地点召开，地点是公司的咖啡店，这让大家措手不及。按时进入这个阳光咖啡店，团队成员围坐在小圆桌前等待约翰的到来。热情的服务员端来新鲜的咖啡和茶水，并在每个桌上摆放了热腾腾的松饼。服务员们细心地倒着热饮，提供着奶油和糖，团队的每个人都享受着这几分钟的休闲和参观机会。

约翰几分钟后到达，一位笑容满面的服务员为他提供了饮料和松饼。他轻声地感谢服务员，向团队打了个招呼，请他们一起来到咖啡店大厅边的一间会议室。

"我相信你们在想我们是不在玩游戏。"约翰咧嘴笑着说。

"嗯，这确实是一种轻松的开会方式。"丽塔回应道，"大家都知道你一定准备好了问题。"

"你们注意到咖啡店有何不同呢？"约翰问道。

"咖啡很热。"比尔说。

"松饼很新鲜，"丽塔说道，"桌子也很干净。"

"哦，他们或许知道我们要来便把这里打理得很好。"卡尔（Carl）说。

"不是这样的，我可以担保你们并未受到特殊礼遇，"约翰说，"你们还注意到其他什么吗？"

"我猜我们遗漏了什么。"比尔说。

"你们注意到服务员有什么特别之处了吗?"

大家相互一视。

"嗯嗯……他们都很年轻?"

"是的。"

"他们都很积极?"

"正确。"

"等等,我记得我听我女儿讲过,"托德(Tod)说,"他们都来自当地的高中,不是吗?他们是在为获得学分进行实习。"

"他们是高中生,为获得学分,并且也能获得报酬。"约翰说。他拿起遥控,按下按钮,墙上的显示屏打开了。团队看了起来,如同新的故事即将发生一样。

"这周我们关注了这个特别的高中生团体,"记者说,"来自飞鹰湾(Eagle Bay)高中琳达·巴顿(Linda Barton)班的优秀学生,他们正在当地的一间咖啡店体验现实中的商业环境。"报道介绍了这些有特殊需求的学生是如何在工作中积极向上的,以及他们的学校和组织是如何激励管理的。

新闻片段结束时,会议室一阵安静。

"你们认为这些孩子在一个特定的面试环境里会成功吗?"约翰问道。

"他们或许很难推销自己。"卡尔说。

"主要取决于他们应聘的职位,"比尔说,"我的意思是,我们有制度保证每个人都能被平等对待。"

"嗯,你能看到他们如何尽其所能地工作,"罗布(Rob)说,"这对他们和我们而言是双赢的,对吧?"

> "但是你们如果没看这个新闻报道会雇用他们吗?"约翰继续问道,"尽管有制度,有没有这样的可能,我们会让我们的看法来左右我们所期待的表现呢?"
>
> "嗯,我们被包装和市场包围,"比尔说,"实际上,我们在座的都该思考我们的形象是什么,怎样加强它,好的方面怎样保持,不足的部分怎样提高。"
>
> "相当正确,"托德同意道,"我想咖啡店就是一个很好的例子,它说明透过外在包装发现潜能的重要性。"

第三章里我们谈到障眼物外部焦点。这个障眼物的另一个例子及其对我们见解的影响是第一印象。对一个人仅仅六七秒的打量,并判定了对这个人的感觉。我们通过外貌、面部表情、穿着、身体语言及其他我们无意识的本能信息判断别人。《眨眼之间》(*Blink*)一书的作者马尔科姆·格拉德威尔(Malcolm Gladwell)创造了一个全新的术语:切片(thin slicing)。[2] 这个词成了主流词汇,它指基于有限的信息对人或情景下结论。然而,这种普遍的下意识的现象有明显的弊端:切片能被我们的喜厌、偏见和陈规、经验和知识轻易影响。

1960年肯尼迪(Kennedy)和尼克松(Nixon)总统竞选辩论就是切片的雏形。这场"伟大的辩论"标志着电视已经普及,让观众第一次有机会看到竞选者激烈的辩论。然而,并不是他们的演讲内容决定胜负。取而代之的是视觉因素影响了结果的准确性。尼克松因膝盖伤病住院两星期,正在恢复身体的他看起来骨瘦若柴。他穿着不合身的衬衫并拒绝化妆,尽管化妆能改善他的脸色和浓密的胡须。与他相反的是,肯尼迪则盛装出席,看起来十分健康、自信并精力充沛。

在辩论的现场来看,两位竞选者都实力相当。通过收音机听辩论实况直播的人们都认为尼克松会获胜。然而,在电视镜头前,尼克松憔悴的外表和举止完全不能和肯尼迪青春的外表、展现的气度和超凡的个人魅力相抗衡。电视观众更注重他们所看到的,而不是听到的。之后,研究表明观众认为肯尼迪第一场辩论以极大优势获胜。[3] 这告诉我们:电视传递影像;而是由我们来解释伟大。

下一章我们会探求那些促进平凡的伟大的组织特征。遵循所建议的哲学体系和准则,任何公司都能建立一种激励普通个人默默无私成就伟大的环境。

障眼物会阻碍领导者辨识并培养平凡的伟大。

- 最近一次你观察到一位领导忽视平凡的伟大是什么时候,是哪种障眼物阻碍着他?
- 消除忙碌这一障眼物会对你发现平凡的伟大的能力会带来什么影响?
- 为避免通过第一印象判定他人你会怎么做?

第五章

平凡的伟大的特征

如此多的人毫不注意我的演奏,我感到很惊讶,如同我不存在一样。因为,你知道吗? 我正制造着很大的噪音呢!

——小提琴演奏家约舒亚·贝尔,"一场特殊的音乐会",《华盛顿邮报》[1]

组织的障眼物如公司惯例、公司制度及公司期望(公司文化)既能正确引导公司培养起平凡的伟大,也可能产生误导。如果把一个公司的领导比作音乐指挥家,该公司的文化就是音乐的得分。当领导者确定了基调,一个组织的文化就是反映其平凡的伟大能如何清晰地确定、庆祝及激励的晴雨表。高效的领导者对其组织独特而丰富的文化保持敏锐的触觉;反过来,领导者如何对组织进行领导——每天劳动力是如何相互作用的以及如何深入了解劳动力,则影响着组织的成功。组织的对应决定了组织的各个部分如何或是能否顺畅地一起协作来实现公司的目标。

文化对伟大的影响

一个组织的文化是其共有的价值观念、基本信念、经营理念、思想意识形态、假设机制、态度行为以及规范制度的总和,组织文化将其组织成员紧密结合在一起。组织文化使人产生根深蒂固的思想,使人的行为形成习惯。文化是"我们在这儿做事的方式"——是决定公司本质和人们在其领域内如何表现和互动的习惯和期望。这种文化往往决定一个组织的倾向,是认为取悦客户更重要,还是取悦老板更重要;谁会晋升以及为什么;怎样的行为会在组织受到重视;以及平凡的伟大是否能被认同和鼓励。

你对组织现有的文化和提供给员工的工作环境感到满意吗?组织的文化是否鼓励员工做出伟大的事情?组织的文化带来了想要的结果,还是限制了发挥组织的潜能呢?

每个组织都有其特有的文化。不幸的是,大部分(如果不是大多数)组织的文化是意外建立和发展起来的。不同的行为、经历、决策和个性,在一段时间过后,决定着人们在工作中如何思考和表现,文化正是这些活动的结果。成功的组织并不会让其文化听天由命。它们会建立有效的评估现有劳动力的机制,并战略性地计划改变的产生。能促进平凡的伟大的文化必须持续、细致地培养、监管和支持。能孕育平凡的伟大的组织文化通常与员工高度参与、高产量、能较好地留住人才以及对问题和挑战能有创新处理方法等相关联。

大多数(如果不是所有)的组织通过组织内部协作得到相应的结果。这些组织的预期是不是仅为极普通的工作做准备,这些普通工作仅仅能让公司维持经营并产生极少利润?这些组织的氛围是不是很难实现平凡的伟大,即便产生了,这平凡的伟大也可能难以被识别?还是领导者和员工都预期超越,并成为一个兴旺的公司的共同拥有者?员工对有优越的表现期望存在于心,他们就会默默地、无私地实现平凡的伟大。

对每天发生的特别的事件能发现并欣赏的组织氛围,是杰出组织文化的关键部分。除非一个组织有适当的程序、习俗和体系来认定和宣扬伟大,平凡的伟大很少能实现。

我们最近和一个已经连续几年产能下滑的客户公司合作。评估其组织程序和习俗以后,我们和该公司领导层会合并分析结论。会议进程中,从领导团队的评论、肢体语言和明显缺失的主人翁感来看,显然,该公司的领导层并未与公司相融。为了更好地了解该公司领导层的看法,更重要的是,为阐明领导层对其员工的影响,我们将领导们对现有文化的看法收集起来,并帮助参与者采取必要行动进而带来改变。

每个领导都获得一本可粘贴的便条簿,并要求在每张便条上写一个描述组织现有文化的词,将其贴在墙上。40位领导收集了超出200个词。当领导们站在便条纸前看这些词汇时,我们听到了叹息声。对其组织文化的评论包括,"这真可怕"和"这里几乎没有能代表正面的东西"。一位女士眼中含着泪水评论道:"看到这些关于我们组织的词汇,我接近崩溃。"200多张便签条中,仅有不超过20张认为组织文化是正面的、友善和贴心的。剩下的便签条上的词汇有害怕、不公平、惩罚性的、不鼓舞人的、枯燥的和束缚人的等等。接着,我们让领导者指出组织现在所缺失的但能让组织取得杰出成功的文化特性。领导者期望的词汇包括有远见的、赞扬的、参与性的、创新的、能促进人的发展、沟通,这些文化特质的存在能让组织实现平凡的伟大,事实上,这些文化特质却在组织中缺失。

测试最艰难的部分,就是要告诉参与者贴在墙上的这些词汇反映了他们的领导力。很显然,领导者对组织的态度渗透在组织的整个工作环境中。同样显而易见的是,他们这样的行动延续着其目前所面临的不利局面。这种恶性循环使得公司的产能持续下降。

庆幸的是,由于这次测试反映出了领导力的问题,他们有机会通过改变态度和行为来提升组织文化。接下来的工作涉及从三类中选择优先的属性:(1)他们期望保留的正面属性;(2)他们期望摒弃的反面属性;(3)希望在组织内进一步发展的属性。整个领导团队全心投入到一系列的组织战略和具体的领导行为中,这能鼓励形成一种健康的文化。团队的工作在图5.1和图5.2中体现。

不到6个月,列出的属性在很大程度上有所提高,员工也开始感到能更

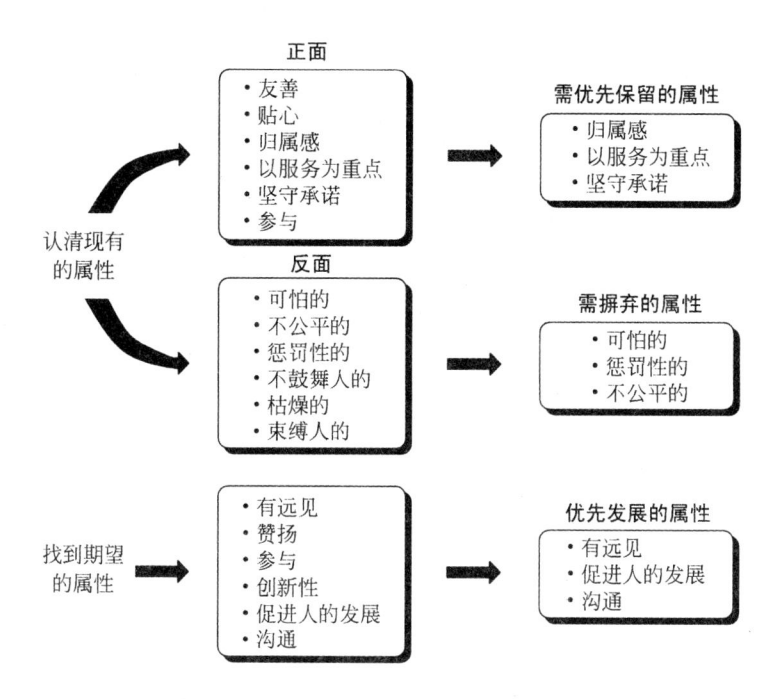

图 5.1 文化属性的定义和优选

认清现有的属性

正面：
- 友善
- 贴心
- 归属感
- 以服务为重点
- 坚守承诺
- 参与

反面：
- 可怕的
- 不公平的
- 惩罚性的
- 不鼓舞人的
- 枯燥的
- 束缚人的

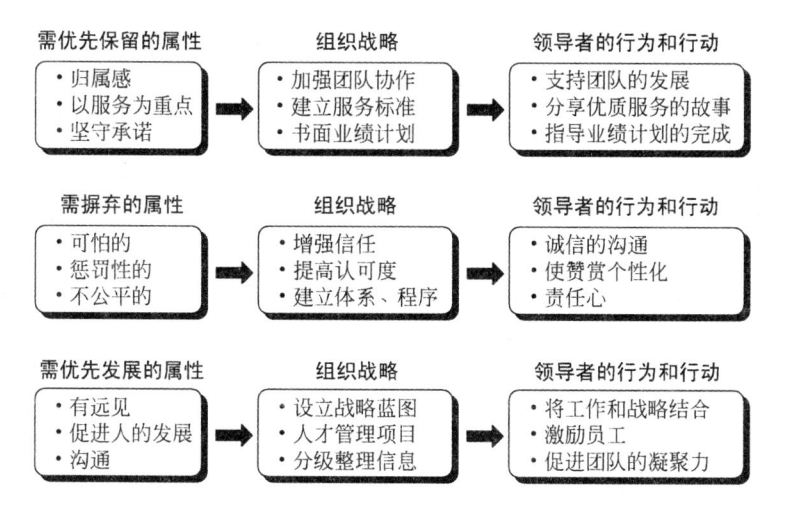

需优先保留的属性：
- 归属感
- 以服务为重点
- 坚守承诺

需摒弃的属性：
- 可怕的
- 惩罚性的
- 不公平的

找到期望的属性
- 有远见
- 赞扬
- 参与
- 创新性
- 促进人的发展
- 沟通

优先发展的属性：
- 有远见
- 促进人的发展
- 沟通

图 5.1 文化属性的定义和优选

图 5.2 文化属性发展战略和行动

需优先保留的属性	组织战略	领导者的行为和行动
·归属感 ·以服务为重点 ·坚守承诺	·加强团队协作 ·建立服务标准 ·书面业绩计划	·支持团队的发展 ·分享优质服务的故事 ·指导业绩计划的完成

需摒弃的属性	组织战略	领导者的行为和行动
·可怕的 ·惩罚性的 ·不公平的	·增强信任 ·提高认可度 ·建立体系、程序	·诚信的沟通 ·使赞赏个性化 ·责任心

需优先发展的属性	组织战略	领导者的行为和行动
·有远见 ·促进人的发展 ·沟通	·设立战略蓝图 ·人才管理项目 ·分级整理信息	·将工作和战略结合 ·激励员工 ·促进团队的凝聚力

图 5.2 文化属性发展战略和行动

全身心投入和自主地去做伟大的事。为什么不在你的组织也试试这个测试呢？

- 在你脑中首先出现的三个能描述公司现有文化的词是什么?
- 公司文化里缺失的能带你实现成功的三个属性是什么?

最后,需要提醒定期地评估组织的文化:有前瞻性的公司不会让不良的属性进入公司文化。组织也不会变得无关,因为他们还未辨识出在这个瞬息万变的时代能让组织成功的新属性。我们建议一个组织至少每隔 5 年进行一次"文化审计",以评估内部工作环境。审计内容需着重在员工的主流态度、所知的公司的特征以及组织的客户管理上。另外,审视公司是如何计划并应对市场挑战的。

协同的重要性

在第三章,我们讲到阻碍实现平凡的伟大的最常见的障眼物就是它本身所在:它总是存在于不经意间。在地铁站,绝大多数行人错过约舒亚·贝尔面对面的伟大演出,其重要原因就是,他们进入地铁站时认为每天会重复相同的经历。《华盛顿邮报》的这个实验让人大吃一惊。在地铁站演奏的是位音乐会的小提琴艺术家,这个经历和他们的预期大相径庭。预期和实际经历的不一致让绝大多数行人没有意识到这位艺术家的突出优势。他们对自己的期望深信不疑,并将能发现到、意识到和欣赏到伟大的意外机会忽略。

什么是协同(alignment)?那就是把原先尚未联系到一起的事物,找到它们的普遍联系之处。在商界,协同对组织成功至关重要,缺少协同是目前大多数公司面临的首要问题。协同保证着组织文化支持平凡的伟大的理念。每个人都在努力工作——"制造噪音",如约舒亚·贝尔形容他的努力一样——但是缺乏集中而持续的方法。团队配合、目标设定甚至日常工作都不相协同并相互冲突。并不存在协调一致和协同体,《团队的五种机能障碍》的作者帕特里克·兰西奥尼将此与高尔夫球队相比,高尔夫球队里的队员各自作战,每轮结束后记录各自的得分得出球队总分。这样的队伍可以打高尔夫,但很难成为一个团队,当然也不会顾全大局。[2] 这与三个瓦匠的故事不无相似之处,一天清晨,一个英国绅士走在伦敦的道路上,他看到三个工人正在砌墙,出于好奇,他走上前去,拍拍第一个人的肩膀问道:"你在做什么?"第一个工人几乎未抬头,边涂抹水泥边说:"你没看见吗,我在砌砖。"毫不疑迟,绅士询问第二个工人在做什么。第二个砖瓦工说:"你没看见我在砌堵墙吗?"绅士下定决心知道工人们到底在修建什么,他轻轻走向第三个工人问他在做什么。这次,第三个工人停下手里的活,从墙边走过来,对绅士说:"嗨,我和我的团队正在修建新的大教堂。"不管组织的大教堂是什么,组织的每个人是否知道如何将自己与组织融为一体?联邦快递公司的首席执行官弗里德·史密斯(Fred Smith)说过:"协同是管理的核心。"[3] 管理就是关于将组织的人和体系相协同,并创造出色的成绩和得到相应的结果。思考图5.3显示的内容。

图 5.3 非协同与协同的比较

图5.3上部分显示了非协同的组织是怎么工作的,而下面的部分则表明高度协同、高效运行的组织状态。从图中我们可以看到,这两种组织间的巨大差距显而易见。上面代表了不管用多么富有天赋的音乐家和多么出色的乐器来演奏,都不可能动听的一段音乐。它只是将零碎的音符和含糊乐调或作曲机械地拼凑起来,相反,下面的部分是约舒亚·贝尔在地铁站弹奏的曲子的节选:巴赫的D小调无伴奏小提琴组曲第二首的"恰空曲"。[4] 即使谱子看起来很复杂并且是在1720年创作的,但是一位训练有素并富有经验

的音乐家仍能迅速将这些信息组织起来,并弹奏出创作者想要的曲子。

不协同的组织会错失优秀的人才、事件和机遇。它们未能看见并未能把握每天在组织的周遭发生的事。《协同——杰出公司成就非凡事业之道》(The Power of Alignment: How Great Companies Stay Centered and Accomplish Extraodinary Things)一书的作者拉博维茨(Lebovitz)与罗桑斯基(Rosansky)将不协同的公司喻为失控的汽车。[5]如果形势不能及时纠正,那旅程就会颠簸不堪并会产生严重问题。这个论断的论证出自商业新闻及流行文化。举例来说,无线电鲨鱼(Radio Shake)通过发 E-mail 解雇员工;汽车商为解决他们不能提供的福利待遇,同意与工会签订合同;当下的电视连续剧《办公室》将其受欢迎归功于观众在每集结束时说的"我能决定,这是我的办公室!"切记,我们都完美地协同以产生我们希望的结果。

实现平凡的伟大的组织特性

成功实现平凡的伟大的组织有四个共同特性:(1)清晰度;(2)对所有权的要求;(3)忠诚的沟通;(4)体系和程序间的连接。以上每个特性都是实现组织平凡的伟大的关键环节。单个来看,这四个特性都很有必要。合并来看,这四个特性的存在与否对组织的现状和未来提供重要线索。

清晰度

记得《爱丽丝梦游仙境》中的柴郡猫吗?它充满智慧的话似乎有先见之明:"如果你不知道你去哪里,任何路都会带你到达那里。"《工业周报》的一篇报道指出,只有1/3的员工完全参与并了解他们雇主的任务。[6]这篇调查报告指出员工未能完全参与公司活动的主要原因,是他们的雇主未能成功和员工沟通其组织的战略。成功的组织清晰透明,这种清晰度能将员工和他们的工作与组织有意义的目标和战略连接起来。公司的每个人对今年公司最重要的事清楚吗?这个月的呢?这个星期的呢?今天的呢?

1951年,佛罗伦斯·查德维克(Florence Chadwick)成为第一位横渡英吉利海峡(the English Channel)的女性。1952年7月4日,她试图从卡德林那岛(Catalina Island)游向加利福尼亚海岸(the California),总长26英里。这天,海水冰冷,大雾弥漫,难以辨认跟随着她的支援艇。在数百万美国电视观众的关注下,她在冰冷的大海中游了好几个钟头,在查德维克身旁的一艘支援船内,她的妈妈和教练不断给她鼓劲。在冰冷的海水里游了15小时55分钟后,查德维克感到难以坚持,她要求把自己拉上船。当她坐在救援船里,她才知道她离目的地仅仅相距一英里。记者采访查德维克时,她说:"听着,我不是在找借口,但如果能看到终点的陆地,我或许能完成。"大雾阻止了她看到目标。两个月后,查德维克再次尝试游向加利福尼亚海岸。如同上次一样,这次大雾依然很浓,让她看不到加利福尼亚海岸。但这回,她成功了。查德维克把这次成功归结于她游的时候脑海里始终浮现陆地的影像。她清晰地看到自己的目标并成功完成横渡。[7]

对所有权的要求

对所有权的要求是指员工个人的主人翁感,他们似乎把自己视为组织所有者。如果组织的员工切实认为公司是自己的并花的是自己的钱,他们的表现会有所不同吗?为快速自我评估一个人是否倾向于像所有者那样行动,我们通常会看类似的听众对以下两个问题的自然反应:(1)今早在酒店洗完澡,你会将毛巾挂起还是就让它堆在地上?(2)如果在家洗完澡呢,你会将毛巾挂起还是让它堆在地上?这就是关键所在。所有权意味着积极寻找公司的最大利益和底线。当花钱的时候,也许不是员工自己掏腰包,但毫无疑问的是一个组织的财务状况对员工的财务状况具有影响。我们曾经听到一位客户这样说:"如果在某件事上你没有找到足够的价值和回报来花自己的钱,那么也不要将公司的钱花费在它上面。"取得所有权是指如果我听说它、质疑它、看见它、偶然听到它,应该看看它,仅知道它,或我拥有它。

在培训课程中,我们最爱用的幻灯片是一张照片,照片显示着一个在马路上被碾死的小动物,它的身上喷有两条黄色条纹,图片下打着字幕"这不是我的工作。"当于新客户工作时,我们通常会让员工说明未能完成任务或缺乏成效的理由。听起来有点老套,我们最常听到的理由是"这不是我的工作。"所有权就是不管这项工作是什么,都要把它视作是自己的职责所在。它是如同你在家里一样在公司拾起每一个垃圾;它是带领顾客到达目的地而不是指指路;它是站在客户的角度切身体验,因此他们走出公司大门的时候都对服务相当满意——即便是你并不负责这个客户。我们都会做这样的决定,就是在多大程度上我们会自愿为组织承担义务。成功的组织深知员工的归属感是推动组织实现成功的神奇效力。

忠诚的沟通

良好的沟通能在员工中激发责任感和工作热情。简·卡尔森(Jan Carlson)说过:"一个没有信息的人不能承担责任;一个获得信息的人不能改善但能担负责任。"[8] 不协同常伴随着沟通障碍。通常,相互指责是所有缺乏沟通的对话的特征。举个现实生活中的例子,在一家大型公司中员工抱怨最多的就是他们经常从当地的报纸上得知公司发生的事件。而管理层抱怨最多的是员工没有取得所有权。我们给领导层提出了这样的问题:"取得什么的所有权?他们不知道正在发生着什么。"管理层接受了在全组织加强沟通的挑战。他们开始以四处走动的方式实行管理:他们在食堂吃午餐,在员工简报中撰写最新信息,以及筹备全组织的季度职工大会。不到6个月,不仅在员工意见调查中沟通程度提高了,整体的斗志也显著增强。

体系和程序间的连接

领导者们常说员工对错过期限、成效差强人意或士气不振负有责任。当然那或许在很多情况下是对的,领导者在下结论前,必须检查决定工作如何完成的体系和程序。残缺的体系和不协同的程序或许是罪魁祸首。发现阻碍物的最简单方法就是询问员工:"你在尽力把工作做到最好的过程中是什么限制着你？"我们曾有个课程帮助超过500位领导发现其组织内部过时、低效和重复的体系和程序。当这个领导团队坐下来思考任务时，他们开始应对这个问题并找出了超过50条过时的惯用做法，超过75项低效的程序以及有25项规则和程序重复。他们甚至发现6月份报纸无人阅读过！他们估算通过改变这些投入，每年能节省超过200万美元。

带来不协同组织的惯用做法

在本章前面我们探讨了协同的重要性及成功实现伟大的组织的特征。通过与上百家组织打交道，我们同时也发现了导致不协同的最普遍的"人为习惯做法"。

反复依赖同样的人VS考虑那些准备好应对全新挑战的人

我们当然相信80/20法则在大多数组织和人类生活中适用（80%的成果由20%的人创造），我们也认为当谈到人力资本潜能时80/20法则有待商榷。不幸的是，大多数领导者将项目或部门的重任交给个别几个人。领导总是不断安排同样的几个人负责会务和项目。这些"经考验证明是好的"员工得到了领导的器重。就像一位CEO曾说过的："如果你想完成某件事，就让团队中最忙的那个人去做。"这就是为什么有些人总比其他人忙的原因——他们能完成任务！我们曾经是一家公司的雇员，这家公司在生产效率和预期上差距很大。高效率的几个人总是被要求"扭转局面"。这种方式带来了两种文化：(1)高绩效；(2)平庸绩效。

如果领导者重新审视这种不协同的行为将会怎样呢？如果他们在需要取得成效的时候，不再依赖于相同的几个人将会怎样呢？我们建议你关注团队的工作任务，并思考如何很好地将工作合理安排给团队的所有员工。在相同的项目上工作太长时间，一些员工会感到厌烦吗？也许被忽略的员工正渴望获得贡献的机会。你会怎样创造条件以使得他们能展现自我并做出有意义的贡献呢？平凡的伟大原则的真正理念需要下决心用不同的方式领导。员工的成绩能最好地反映你的领导力。

在我们与组织合作寻求高绩效的过程中，怎样提拔员工是我们一直感兴趣的问题之一。实际上，我们向新客户提出的首要问题是在他们组织里是怎样提拔员工的。他们的回答揭示了其组织文化。拿出一张纸并列出在组织内最不适合提拔的三位员工。现在，在每个名字的旁边，写下提拔的已知和期望的原因。这就很清楚了。我们所熟悉的一家知名医疗保健集团的主管就是他的组织平庸业绩的具体表现。让大家惊讶的是，他被提拔到了一个集团级别的职位，并不是因为技术和资历，而是因为他为提拔做好了准备。久而久之整个集团都知道了这相同的平庸结果——并不意外！

我们在组织中看到的最让人失望的趋势就是缺乏事先的接班人规划。大多数组织不懂得人才管理体系的长效影响，甚或不懂得如何接替人才。取而代之的是，那些大家熟悉的人被提拔了(记得那个最受欢迎的转学生吗？)；或是那些与老板打高尔夫的人；或是那些最会拍马屁的人(令人心寒)。我们曾经合作过的一个公司内部具有简单明了的提拔人才体系——找到老板，夸赞他，然后你就被选中了。然而，当一个组织投入精力建立战略性的人才管理体系时，这个组织会发现投资回报，常常在多次以后，就会形成一个有力而良好的领导团队。

领导者的一个关键特质是要明白恰当的含义。吉姆·柯林斯(Jim Collins)称之为"找对人上车，安排对的人在正确的位子上"。他进一步讲道："如果你找对了人上车，那么如何激励和管理员工的问题就迎刃而解了。"[9]当团队里的所有人都尽其所能，团队就能专心致志地做出成效上了。

我们开始咨询业务，因为作为美国公司的原雇员，我们受够了大多数人才管理经理、人力资源专家以及大多数咨询顾问所用的"曲奇模"的用人方式。"这是我的管理方式，你最好适应它！"这是主流思想。

再来看看一位三个孩子的家长，孩子的年龄分别是2岁、8岁和14岁。这个家长会用相同的教育方式对待这三个孩子吗？他们当然不会。好了，我们并不建议领导者像对待孩子一样对待他们的部下。但我们在研究领导者的伟大时，我们也发现了一些根据不同员工的技能、经验、天赋和世界观而因材管理的领导者，他们也因此取得了很好的成效。当然，这需要每个领导者都清楚地了解其员工的情况。真正伟大的领导者会总围绕着恰当来做文章——招聘恰当的人，采用恰当的管理方式，并知道适合有时候会导致低效表现。

我们想到了一个有关暹罗猫的古老故事，它非常幸运地与富有的主人住在山顶一栋富丽堂皇的大宅里。传说这只猫喝水的器具是纯银制品，它所有的膳食都由管家服侍！大宅里有这样一个传统，即是主人每天晚上下班回家，用完晚餐后到书房里去，他会坐在壁炉旁看书，同时轻抚这只猫的毛。有个问题是：主人每天都会抚摸小猫的毛，但使用了错误的方式，从小猫的尾巴抚摸到脖子，这极大地惹恼了小猫。有一天这只猫再也不能忍受了于是决定离开。它跑到了山脚的镇上并遇见了一只野猫，野猫认出了它，问到："嘿，你就是住在山顶上的那只猫吧？我听说你喝水的盘子是纯银做的，并且每顿饭都由管家服侍。这是真的吗？那你到这里干什么？"

"我逃跑了！"

"为什么？"

"我有我的理由。"

"说说看。"

"嗯，每天我的主人回到家，坐在壁炉旁，并揉我的毛，我讨厌透了。"

"为什么？"

"他用了错误的方式抚摸我。"

当野猫听到这话，它开始哈哈大笑："你真蠢，你不用逃跑！你只需要转下身子嘛。"

当员工在纠结的时候，是因为不恰当的安排吗？如果是的话，你大可不必炒掉任何人——如果错误的工作让他们和你感到不适，你能换个角度想想职业设计吗？你能对职业设计和适合度有更开阔的视野吗？例如，一个极其内向的员工或许不适合前台接待，但却能胜任数据登记工作。迈尔斯—布里格性格测试（Myers-Briggs Type Indicator）中显示较强直觉型的人会认为细致的工作特别累人，但却能在销售和建立关系职位方面表现优异。

赞扬"孤独天才"与高效授权

我们常用俄罗斯套娃来阐明孤独天才的含义。打开俄罗斯套娃，每个娃娃都一个接一个地越来越小。这如同注重自我的孤独天才。当这样的孤独天才在自给自足的环境下工作，会极少或不能与人共享专业知识，并不会为他人提供技术支持。那么所有专业技能、知识和技术随每位新同事而减少，影响着组织权衡其人力资本的能力。俄罗斯套娃的概念也适用于聘用新员工上。广告界泰斗大卫·奥格威（David Ogilvy）说得很对："如果每个领导者聘用的员工都没他强，则我们的公司会都是平庸的人。如果每个领导者聘用了比自己强的人，则我们的公司就都是优秀的人。"[10]

孤独天才的必然结果是缺乏授权。这有多种形式，其中一个就是"如果你想把事情做对，那么就自己做"的思想。多数主管经常抱怨和感到受挫的是"我太忙了！"——太忙了而无暇指教员工，太忙了而不能做好正确榜样示范，太忙了而不能发现平凡的伟大。因此他们常求助于我们："我如何才能更有效率并有更多时间做重要的事情？"好的，当我们观察他们每天的工作时，我们发现他们总做着该由下属完成的事务。我们让那些忙碌的主管执行的首要高效策略之一就是，当下属要出席会议的时候，主管就不要参与。领导者所称的员工大会或与团队面对面的会议除外。

据我们所知，即使这看起来很容易，却只有极少数的主管能做到。作为领导，你应该领导员工，有充分的时间发现并发展平凡的伟大，你必须估计你的每项任务并自问："这项任务其他人可以做吗？"如果答案是肯定的，那么你就要放弃这个任务。花时间做那些只有你才能胜任的工作。这样你将会极大地发展你的员工，每天也不会紧张匆忙，并能发现不断发生的平凡的伟大。

未能追踪和测量重要事项

到了年底，CEO们都会在董事会、管理层和员工面前传递这样的信息："今年的业绩数据并不是我们所期望的。我们预算未能很好地执行。我们的顾客满意度下降，员工士气不振。但总体来说是很好的一年！"

什么？如何测量出是很好的一年？作为咨询顾问，在雇佣合同终止时来向我们咨询的主管人数多得令人惊讶，他们会来问我们："我们做得如何？"实际上，他们大可不问，成效就能揭示答案。例如，领导的发展和培训业就经常被错误评估。其着重在是有多少人参加了培训（我们称为"白费工夫"测量法），他们是否感到愉快，房间的温度是否适宜，以后他们对午餐的评价怎样这些问题上。没人真正去检查他们是否学到了什么。没人去测定培训是否带来了明显的成效。多部领导者发展书籍的作者马歇尔·戈德史密斯（Marshall Goldsmith）说得最好：

> 公司中很多被当作是领导者发展的项目都只是浪费时间。看看你是否发现了这些过程。公司委任你为未来领导者。并派你去参加一天到几周不等的"领导者训练营"。一群发言者（就像我）对你进行培训，随后会叫你评价发言者并对他们所起的作用进行评估。如果这个公司对收集信息特别严格的话，他们还会要求你对酒店和餐饮进行评价。但没有人会评估你。没有人会跟着看你学到了什么或你在培训后是否真正成为了一名更高效的领导者。结果需要加强学习（或提高）的是发言者、酒店人员和厨师。[11]

如果你想得到正确的答案，请从问正确的问题开始。我们建议每位领导者选择且仅选择一些关键的测量方法来追踪全年的工作状况。在每个领域设定可用数字表示的目标。然后将其与员工沟通，监督并时常报告进度。

销售与生产额、客户满意度、员工流动性和质量指标都是衡量一个组织成功的重要方式。可以考虑一些支持平凡的伟大理念的附加测量方式作为补充。

- 促进员工发展方面所投入的时间数据
- 员工贡献的点子和改进建议的数量
- 出席交流会的员工比例
- 领导者在组织内的出现时间比例
- 领导者每星期给员工的感谢便签的数量
- 参与团队和委员会的第一线员工的数量

想想嘈杂的小学教室。即便是最优秀的教师都必须在不同的方面有效地投入注意力。教师们一般会将注意力投入到那些最调皮捣蛋的学生上，并试图阻止他们的某种不良行为。这种现象也会发生在组织内，领导者仅与某些员工接触，所以可以容忍不恰当的行为。

教室里的真理同样也适用于董事会甚至更宽的领域。我们所知的一家组织聘用了一名大家公认为态度消极的员工。汤姆(Tom)就职于医院的维修部，并且组织里的大部分员工都特意疏远他。他总是面带怒容，很少对人和颜悦色。有一天，汤姆被病人叫去维修一个漏水的水槽。当汤姆走近病房时，他暗自对病人发了几句牢骚，表示不快。过了几分钟，他走到病人床前，指责这位病人扭转柄太用力而导致水龙头被拽掉，并严厉地教育这位病人要爱护医院财产。汤姆并不知道这位病人癌症已到晚期，她就连独立行走都不能做到，更别提有力气拆下水槽的水龙头了。当天晚些时候，这位病人与护士谈到了她与汤姆的谈话，并为她所造成的后果表示道歉。她讲到护理人员对她很好，她不想麻烦医院的任何一个人。护士知道即使事情不是这位病人造成的，她都会对这次经历感觉很糟。护士温和地告诉病人汤姆的态度很差，并且医院的所有人都会忽视他的不当言论或行为。

在你的组织里有像汤姆这样以不恰当的行为而引起大家关注的人吗？他的行为会让组织的客户满意度目标达到99%吗？如果汤姆突然感到没有得到他希望的待遇，又会发生什么呢？记住，只按规定办事。

琳恩(Lynn)在一家注重客户服务的呼叫中心工作，她很快发现到他们的注意力主要是在时钟上，而并非客户。在电话高峰期，中心鼓励电话代表达到每小时至少解决5个问题的定额，并要求他们电话交谈尽量简短。办公室里会传阅名为"绩优者"的日常通告。当电话接通时长超过10分钟人就会被提醒。当一位代表因其总能完成定额而表现突出时，其他同事注意到了快速的原因：在客户的问题没有正确解决时，他们只有又打电话回来。这并不能提高办公室的士气，同时客户会常常谈到公司的产品很棒，但其客户服务却令人叹息。如果客户比时间优先，那又会是怎样呢？

缺乏透明度

你曾经有开完了会却发现最重要的事情还没讨论的经历吗？这似乎是当今大多数公司的通病——即便花无数的时间在开会上，也不讨论重要的事务，反而是在"会议后的会议"中讨论这些事项。也许这是因为在老板不在身边做评判的时候，人们会感到更能安全地交换意见。想想尼桑国际设计有限公司总裁杰瑞·赫什伯格(Jerry Hirshberg)的精辟言辞：

> 大多数优秀的点子都来自于窃窃私语——正式会议后在走廊上的会谈。那是因为人们会担心如果他们说了实话老板们会如何反应。最有意思的当然就是这些窃窃私语的点子正是公司迫切需要的。[12]

人们在寻找这样的领导者，他们能创建讲真言且没有秘密的环境，他们真实、纯粹而透明。为什么会缺乏这样的领导者呢？一些原因是有些人会害怕变得真正地透明（"如果他们都知道了我所知道的，那么我将会失去对他人的控制权。"）另一些人从未真正学会怎样行动，他们所见的是错误的榜样("照我所说的去做,但不要做我所做的"),同时也有人并不关心公司文化,在工作中相当不快("我只是想混日子")。

我们必须培养、监管和支持能促进平凡的伟大的良好组织文化。拥有这样机会的领导者是确保能够支持平凡的伟大文化的关键,并成为组织的领导力品牌。

消除组织障眼物要求领导者深知文化的影响和协同的重要性。

- 上一次你挑战"这事总那样做"的观念是什么时候?
- 为支持组织有一个健康的文化,你最近做了什么?
- 你是如何持续将零碎的组织工作连接起来,并让你的下属感到有意义的呢?

第六章

创造平凡的伟大的环境

"我并不认为如果真的很优秀,他会不被注意到。他在欧洲有更多的听众……那么,我猜1,000人中可能会有35或40人会看到他的优秀。或许75至100人会停下来聆听一阵。"

因此,会有人聚集起来?

"噢,是的。"

他能挣得多少呢?

"大约150美元。"

——摘自对国家交响乐团音乐指挥家伦纳德·斯拉特金(Leonard Slatkin)的采访,访问内容是如果世界上最伟大的小提琴家之一上班高峰期在匆忙的听众前匿名演奏会发生什么事,引自《华盛顿邮报》[1]

《哈佛商业评论》(Harvard Business Review)[2]中一篇文章提出的一个惊人的问题不断地吸引着我们的注意。正如这篇文章的作者谈到的,能激发他人取得杰出成绩的领导者需要具备什么素质,我们想知道那些员工在以下几种情况下会如何应对:假设你可以选择一位老板,他能充分挖掘员工的潜能。你会注重那些特质呢?我们与来自各行业一线的员工交流过。我们常常听到这样的评论:"一位能与我们在一起,我们需要他的时候能出现的领导","会倾听我们心声的领导","是一位要求全心投入并让我们做决定的领导","他能欣赏我和我所做的工作",以及"一位帮助我发展的领导者"。

我们采访的员工都乐观地相信他们的领导者有机会和能力促进员工实现平凡的伟大,并且领导者也具有个人"伟大"的潜质。他们清晰地知道,机会就在于领导者日常表现出的态度和行为中。他们同时也十分坚信,伟大与领导者对他人的影响密不可分。我们发现我们所采访的一线员工与领导者之间的一个根本区别是:领导者倾向于将伟大更多地与成就、成绩和经营成果联系在一起,而很少与他们对他人的影响相联系。这种思维方式与一句格言恰恰相反,"你可以通过一位领导者下属的成功来判定这位领导者的成功。"[3]

肖恩(Shawn)是一位跟随过多位老板的领导者,这些老板中有些人能发现平凡的伟大,有些却不能。他告诉我们:"我曾为一位老板尽心尽力。就是说,他认为我们就是为服务他而存在的。大家很快就意识到了——你知道吗?员工开始纷纷离开。当然,最优秀的人最先离开,因为他们有好的选择。另一个我曾共事的领导恰好相反。他总会巧妙地让你每天在结束工作时感觉比开始时好。那并不是他不挑战你。实际上,他可能比任何人都能推动我成长,但每天都让人难忘。"[4]

我们向领导者提出了一系列的问题,并要求他们如果对每个问题的回答都是肯定的话,就起立示意。这项活动是受管理学始祖、通用电气公司(General Electric)前任主席和CEO杰克·韦尔奇(Jack Welch)的启发。结果很显著。

- 多少人会将自己视为是诚实正直的呢?毫无疑问,所有的人都起立了。
- 现在,在对员工的绩效考核中,多少人对员工在你眼中的确切印象未给出诚实、坦率的反馈意见?自然,所有人都坐下了。
- 如果你不能说出实话并与员工就期望和投入程度不能达成共识的话,你怎能谈得上是真正诚实正直的人呢?

这就是我们为什么不能看到平凡的伟大的原因之一。关于伟大是什么这个问题,我们不能与其他人找到共同点多是因为我们对维护员工的感情及其舒适度较为关心。然而,让员工有舒适的感受并非领导者的职能。就像我们听到肖恩所讲的,从他的经验看来,最具挑战性的领导是最积极乐观的同时也有很强的影响力。我们的朋友、《管理的黄金准则——高绩效医院的关键》的作者克莱·舍曼(Clay Sherman)喜欢这样说:"让你待在舒适的环境里是所有管理方式中最残酷的一项。"关怀管理卓有成效,能让组织充满生机,也能给你提供一份工作。[5]

如果确实对员工的生活情况关心和感兴趣的话,你会坦诚和积极地对他们讲真话。"每个消极的事物对应五个积极的事物"的规律对提供真实但鼓动人心的均衡的反馈具有指导意义。杰克·韦尔奇(Jack Welch)讲道:"如果你不能经常告诉你的员工他们擅长什么以及应该怎样提高的话,你就不能称自己为一位管理者。"[6]

当我们考察我们所做调研中提到的领导特征,以及细想我们和上千名领导者打交道的情况时,会发现能激发他人伟大的领导行为清楚地分为三类,(1)为平凡的伟大创建环境的领导才能;(2)促进员工参与的领导才能;(3)培养员工潜能的领导才能(图6.1)。

为辨别、发展和影响伟大创立环境,领导者必须确保其员工所在的环境能激励他们发挥其最佳才能。创立环境的过程要从建立关系开始,这也是领导者的首要职能。生活与人脉关系息息相关,工作的成功与建立和维护的人际关系关系紧密。自助作者布赖恩·特雷西(Brian Tracy)讲过:"将所有关系——包括领导者和被领导者之间的关系集合在一起的黏合剂是信任,信任是建立在诚实正直的基础上的。"[7]建立信任是任何关系最基本的要求。失去了信任,一切都无从谈起。

当观察一个有优秀员工的部门新领导的工作进程时,我们想起了这个告诫。他的错误很多,他没有能力让员工参与也不能建立起信任,他的这种无能令人震惊;毫无疑问,他的工作成效很糟糕。

```
┌─────────────────────────────┐
│    为平凡的伟大创造环境      │
│  • 仆人领导思想              │
│  • 可见性、可得性和平易近人  │
│  • 以身作则                  │
│  • 建立沟通                  │
└─────────────────────────────┘
         ⟲  激发平凡的伟大的领导才能  ⟳
┌──────────────────────┐  ┌──────────────────┐
│ 培养平凡的伟大的潜能 │  │  提升平凡的伟大  │
│ • 确定动机来源        │  │ • 选择参与程度   │
│ • 明白发展的优势和机会│  │ • 认可           │
│ • 有抱负的交谈        │  │ • 投入和参与     │
│ • 建立一个强大的团队  │  │ • 责任心         │
│ • 忠于人才的伟大      │  │                  │
└──────────────────────┘  └──────────────────┘
```

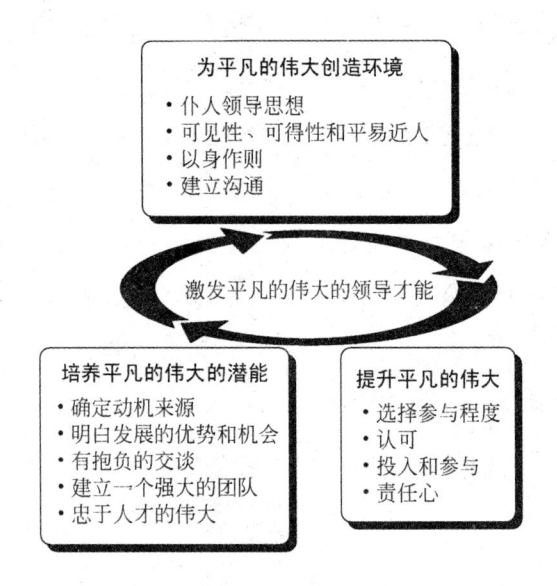

图 6.1　激发平凡的伟大的领导才能

许多新领导所犯的经典性错误越来越严重，我们观察了他就任起初 90 天的工作方式——他低估所有的事情，我讲的所有事情是指他的员工经过多年努力发展获得的成果。对于这个部门的工作是如何开展的这一问题的负面评论持续不断。如果员工的工作方式和程序不是与这位领导者惯用的一致的话，那么他的员工就是错误的。其他人没有机会对为何发展不同的方式方法以及如何促进组织实现目标的问题提出个人见解。他浑然不知他的决策带来的后果。他的做事方式改变了一切。

改变有些脱离实际。工作中没有交流，气氛持续焦虑、紧张，谣言四起。我们与几位员工交谈，他们在工作中感到不自在，工作不能集中精神，并明显有深度压力症。

这位领导从未与员工一道改变局面。发号施令是每天的议程。不得不长时间工作的员工们下午 5 点便开始下班回家。许多员工选择"在家工作"以避免和这位领导正面相对。曾经为增进同事间感情而举办的办公室自带菜品的午餐聚会也停止了，因为大家都情愿"低调点"。

这位领导最失败的行为或许是他把使员工之间相互竞争当作是一种策

略,至少在他看来,那能使员工忠心于他。他会与选择性的极少数"他的人"分享机密的信息,甚至是裁员信息。一项战略计划在没有专业建议,员工也没有机会参与和反馈的情况下建立并作为最终决定实施。

在他领导的第五个月,部门的六位出色的员工提出辞职,剩下的也试图离开。这个部门的业绩毫不意外地迅速下降,成功渡过危机的机会渺茫。

这位领导的许多好的点子本应对组织产生积极的影响,却成了一个领导失败的故事。在与众多组织打交道的过程中这样的例子我们见得太多了。如果,这位领导将注意力放在为平凡的伟大创建环境上的话,那故事将会相当不同了。我们将讨论四种具体战略:仆人领导思想的重要性;可见性、可得性和平易近人的影响;以身作则的必要性;以及与员工建立沟通的做法。

仆人领导思想

为平凡的伟大创建环境的前提是领导者要有服务下属的思想。懂得"要领导,你需先服务"的理念对于创建实现员工伟大的工作环境相当重要。尽管最近几年才广泛出现了关于仆人领导类的文献,但仆人领导的理念已有上千年的历史,早在公元前 600 年,中国圣人老子(LaoTzu)在《道德经》(*The Tao Te Ching*)中有这样的说法:

> 伟大的领导者会忘记自我,
> 并注重他人的发展。
> 好的领导者支持优秀员工。
> 伟大的领导者支持基层员工。
> 伟大的领导者深知,
> 未经雕琢的钻石,
> 总是隐藏于"杂草"中。[8]

这就是说，要发挥你的所长并将其与所服务的人联系起来。与按等级领导的方式不同，仆人领导强调合作、信任、换位思考以及合乎道德地运用权力。对我们而言，仆人领导同时意味着领导者对员工抱有信念，并相信每个人都有能力成就伟大。

高效的领导者用每天的决定和行动证明着他们的仆人领导。这些行动常是细微的，并在不经意间做着。一些较明显的仆人领导行动包括全组织范围内举行的领导者为员工烹制薄饼或汉堡的庆祝会；在领导者家里为员工及其家庭举办的聚会；晚上陪员工取车；和给员工的孩子寄生日祝福卡片。

探险家欧内斯特·沙克尔顿（Ernest Shackleton）是一个拥有服务思想的优秀领导者。怎样的领导者会登出这类"求助"广告呢？

"招贤纳士参加冒险之旅。低工资。非常冷。数月处于完全黑暗环境。危险伴随。或许不能安全返回。若成功则会获得荣誉和认同。"

1915年，沙克尔顿带领"持久号"船在南极深处寒冷的威尔德海（Weddell Sea）浮冰中受困。船上的队员们都能听到周遭海面结冰的声音。截至9月，无休止的冰山毁坏了船体，让沙克尔顿和他的船员们滞留在了离最近的内陆还有1,000英里的大冰原上。

沙克尔顿保持着昂扬的斗志，并建立了一个团结的团队，他让大家保持忙碌——同时也平等。例如，在队员们把"持久号"当成冬季站生活的数月里，沙克尔顿毫不顾忌当时的阶级制度，他让科学家与水手一起擦地板，让大学教授与约克郡（Yorkshire）渔夫一起吃饭。

同时，沙克尔顿鼓励工作以外的友情。大家在冰面上踢足球，参加晚上歌咏会并为家中的爱人干杯，他们组织了激烈的狗拉雪橇比赛，甚至一起剃头，让探险摄影师弗兰克·赫尔利（Frank Hurley）给他们照相。

在多变的环境和不断的危险面前，沙克尔顿始终保持积极、坚定，这也鼓舞着他的队员。此外，在"持久号"22个月的探险历程中，沙克尔顿挖掘了他的每个队员的最佳潜能。沙克尔顿杰出的领导才能使得他的 27 个队员在接近两年滞留在南极后成功生还。[9]

可见性，可得性，以及平易近人

得克萨斯（Texas）石油天然气企业家 T. 布恩·皮肯斯（T. Boone Pickens）说："避免错误的方法有许多，但是避免失败的最佳方法就是要让别人找得到你。你不必做出每个决定，但你应该随时让他人能接近到你。如果员工聪明的话，他们会让你知情，一旦知情，你就成为决策的一部分。具备了这些，你就能容易地支持员工，并消除了事后猜疑。"[10]

我们赞同皮肯斯的话。领导者在组织内发展关系的最佳方法就是在员工间有高度的可见性和互动。或许没有哪个组织比丰田汽车公司（Toyota Motor Corporation）能更好地诠释这个理念。其文化中深植的是"现地现场"（genchi genbutsu）哲学，意译就是"去亲自查看"。[11]领导层的所有人都相信要亲自去实地查看实情，以做出正确的决定，达成共识并实现目标。

可见性的益处：

- 员工和管理层间建立起信任。
- 使领导者有机会发现并辨识出日常工作中平凡的伟大。
- 让员工知道你重视他们每天完成的工作，并感激他们的工作对实现组织目标所起的重要作用。
- 鼓励员工对促进组织发展建言献策，提高员工的归属感。
- 为辨析组织发展机遇及了解决策系统提供环境支持。
- 帮助领导者判定需要消除的障碍或困难，以取得更好的成果。

然而，可见性的诸多益处常常被领导者忽视。举例来说，我们最近与中西部小镇的一家医疗机构合作。我们提出的首要问题是这个机构缺乏员工参与度，因此导致了其整体低效。为更好地熟悉这个机构，我们问其CEO是否能与他一起参与日常巡查工作。令我们惊讶的是他没有做过日常巡查，更愿意在自己的办公室工作。尽管如此，我们还是开始了在机构的巡查。我们从第五楼开始，一些护士热情地招呼我们，带我们参观了病区，向我们讲解了提供的专业服务和最近的病员量。接下来的楼层里，我们遇到了相同的情况，每个小组在他们的病区内看到我们时都有点惊讶。实际上，一位护士长看到我们说的第一句话是："有什么不对吗？"很明显，这位CEO即使在这儿任职了15年，也不被员工熟知。我们最后在餐区的巡查中就更明显了。当CEO走进餐区门时，他向大家说了早上好。一位老员工（我们随后得知她在这所机构工作了27年）问了一个大家都想问的问题："你是谁？"这位CEO报上大名。据理力争的餐区员工问的第二个问题是："你在这里干什么呢？"这充分说明了这位CEO脱离了他的员工。

我（布莱恩）最近在指导一位领导者，他不得不给他的老板即公司的CEO这样的反馈信息："有必要让你知道，当我上周走出办公室时，员工急着告诉我一位政府检查员悄然来访，并说最好快去迎接这位检查员。我快步回到办公室，我意识到那位检查员就是你。员工并不认识你，也从未见过你，把你误认为是外省来的检查员。"幸运的是，这给这位CEO敲响了警钟，以便让他提高可见性、可得性并能平易近人。

尽管大多数有效的可见性都是个人行为，但仍有许多方法使领导者在不能亲自到场的情况下增强其可见性。在我的前一个工作中，我（帕梅拉）经常出差，我习惯于每到一个新城市就寄一张明信片给员工，这能让他们知道我正在做的工作。我们听说一位主管在每周开始都会放一摞20张便签在她桌上。她会将所有的这20张便签写完并邮寄出去才结束这周的工作。

领导者增强可见性的另一种有效但不常用的战略就是向上管理（managing up）。简单地说，向上管理是在领导者不在场的情况下把领导者引入交谈或会议的能力。这是向员工表明高层领导知道他们的努力，赞赏他们的工作并愿意听取他们的想法和建议的一种方式。毕竟每个人都希望大老板知道他们对公司成功所做的贡献。例如,雪莉(Sherry)正在推进她销售部门的月度会。在回顾上月取得的成果时,她这样讲道:"我与吉姆(Jim)(她的高层主管)交流过,他特别让我转达他对取得的月度成绩很自豪。他提到在他记忆里没有取得如此骄人的成绩有5年时间了,他对为取得成绩付出的艰辛努力表示赞赏。"通过雪莉的向上管理,她将员工与他们的高层领导很好地连接起来,同时加强了高层领导者的知晓度并赞赏其员工每天的工作和取得的成绩。

以身作则

没有什么比看得见的领导行为能更快地发展或毁掉员工对领导层的信任和信心。组织价值观的角色典范和所期望的行为对于创建一个持续稳定的环境十分重要。影星威尔·罗杰斯(Will Rogers)说:"人们的观念随着观察改变,而并非随争论。"很简单,人们会依照他们所见的行事。领导者必须清楚,他们一直"在台上",其他人按照观察到的领导者言行行事。一位开会迟到的领导或会准许他人迟到。一位领导者将车停在客户停车区的行为传递着这样的信息,即便员工手册上写着不允许,但停在这里是可以的。

我(帕梅拉)有机会看见行动中的平凡的伟大。我们大都读过这样的描述,飞机滞留在跑道上几个小时,乘客们焦急地想着他们思念的亲属。一个寒冷的星期二的上午,我就在这样一架从亚特兰大(Atlanta)飞往纽瓦克(Newark)的飞机上,一位飞行员的声音传来,告诉大家出行的航班将延误并需等待进一步通知。这个通知引起了乘客们的抱怨和不小的骚动。这位飞行员走出驾驶舱亲自告诉乘客航班延误的细节,他请乘客提问并耐心地解答每个询问。接下来的几个小时里他不断地告知大家最新情况,即便有些是他并不知情的信息。随后,令我惊讶的是,在这漫长的等待中他多次走到走廊里询问乘客:"你们还好吧?""我能帮点什么吗?"最后,他邀请飞机上所有的孩子们到驾驶舱上"飞行"课。

达美航空公司(Delta Airlines)机长克里斯·韦普尔斯(Chris Waples)面临困境能把握机会做出伟大的事情。他在一个不太理想的情境下,从乘客的角度出发,感同身受地对待乘客。通过将大家归为一个"团队"并进行正面鼓励,他将乘客的不安感降到了最低。

领导者需要偶尔大胆地用其行动表明他们所支持的原则。以下是在我们的一个客户公司里,布赖恩和高层领导团队的交流:

布赖恩:你们聘请我是为了给贵公司提高效率和增强员工参与度提建议。好消息!我发现了一个容易并经济的解决办法。据我了解,由于原址建设,员工们每天都被要求将车停在离总公司5英里的地方,然后乘坐交通车到总公司。返程也是相同的。不用说,员工们对此并不高兴,更糟的是,你们中没有一个人乘坐交通车。实际上,我注意到你们都在大门旁有私人车位。

CFO:但我们只有这样——我们有早会并每天出入频繁。另外,我们坐交通车有区别吗?

布赖恩:我相信有区别的。试试看。那会是仆人领导的典范,你们能与很多人交谈,并且,搭车还省油噢。

CEO:(开玩笑)我们能有自己的交通车吗?(笑)

布赖恩:嗯,那并不是我想说的,但试试看吧,大家会注意到的。

有人抱怨着,当我离开时,我并不确定他们会再邀请我。他们看似对应该搭交通车这一建议比较不安。

这周的随后几天里,我收到了管理团队的语音信息,说到他们开始搭乘交通车有两个原因:公司里有一些传言,并且用这种新方式与员工接触他们感觉很好。积极的带头作用使得不久后领导层的所有人都搭乘交通车。其实,总公司前领导层使用的那些停车位已经重新分配给顾客好评度高的员工使用了。

随后，我们对员工做了事前—事后对比调查，员工在公开反馈/书面意见中最频繁提到的部分就是高层领导者每天都搭乘交通车，这比提高薪资或其他环境因素提及得还多。

建立良好的沟通

《第八个习惯》(The 8th Habit)的作者斯蒂芬·R.科维(Stephen R. Covey)认为个人实际贡献和潜在伟大间的区别有一种解决办法。"用一个词形容通往伟大的道路就是声音。发现自己内在的声音并激励他人寻找其内在的声音。其余的都不奏效。"[12]他认为当今领导者面临的严酷挑战是建立一种连接、激励并支持员工的沟通。2008年的总统竞选中我们也看到了这样的例子，政治评论员们写到每个竞选者"找到内在的声音"。那时，评论员们感到竞选者真正与投票者联系在了一起。这是一种有效的增强员工参与的沟通战略。

想想你每天收到的各式各样的交流信息。从会议、交谈、简讯、E-mail和电视中，我们每个人每天都接受着大量的信息。我们有选择性地筛选、过滤那些不感兴趣和不需要的信息。领导者们要突破这一难关，就必须及时、善解人意、有意义并积极地沟通。

我们先前提到缺乏沟通是引起员工不满的首要因素。沟通中存在的普遍错误假设让这一问题更加恶化。领导者们会陷入这样的思维定式："我们讲，你们听。"领导者们有这样的思维定式就更糟了："我们说，你们听，你们做。"在《领导者的声音》一书中，作者克罗斯兰(Crossland)和克拉克(Clarke)指出领导层沟通应最大限度地"建立相互理解、鼓励认同、支持并促进自愿行动以及为行动创造机会"。[13]

阿伦·索金(Aaron Sorkin)1995年编剧的电影《美国总统》(The American President)虚构了一位美国总统艰辛的生活及他承担的工作事务。以下是一位总统顾问兼演讲稿撰写人刘易斯·罗斯柴尔德(Lewis

Rothschild）[迈克尔·J.福克斯（Michael J. Fox）饰]和总统爱德鲁·谢泼德（Andrew Shepherd）（迈克尔·道格拉斯饰）间的对话：

刘易斯·罗斯柴尔德：人民需要领导人物。当真正的领导者不作声时，谁出面发言他们都听。总统先生，他们需要领导人物。他们不惜爬向海市蜃楼寻找水源，找不到水他们宁愿吃沙。

爱德鲁·谢泼德总统：刘易斯，以往曾有总统深受爱戴，但讲起话来结结巴巴。人民不会因为口渴而"吃沙"。他们"吃沙"是因为他们分不出好坏。[14]

"吃沙"对组织有不利影响。致使人们"吃沙"的一个原因是缺乏明确的成功方法。缺少明确方法，人们在组织中就会专注于一些事物。这个"一些事物"或许是你期望他们专注的事，如实现目标、领导力发展和个人提高这样的理想事物。或者他们会"吃沙"，专注于内部竞争、困惑和修草坪。他们不这样做是因为他们是不好的人。他们这样做是因为他们分不出好坏。

管理专家彼得·德鲁克（Peter Drucker）注意到："当员工不得不猜测老板在干什么，并且他们一贯猜错的情况下，说明这个组织就不够好。"[15]如果你问你的员工："我们当下做的最重要的事是什么？"或者，"我们今年的主要目标是什么？"这时，他们是知道还是要去猜测呢？他们会吃海市蜃楼的沙，还是会喝绿洲中干净清凉的水？你可以通过你的行动和沟通决定这一切。

通过增加透明度，你能消除猜疑，并能成功看到并发展平凡的伟大。建立清晰的成功方法，将这些方法与他人沟通，并密切跟踪其运行状况。记住，如果人们必须去猜测，那么他们将会猜错。

"领导的根本就是关于我们如何与他人相联系的，我们如何与他人相互参与、调动、重视以及启发的。"《释放激情——世界领导者的制胜之道》（Liberating Passion：How the World's Best Global Leaders Produce Winning Results）一书作者奥马尔·汗（Omar Khan）这样说道，"富有激情的人往往受聘于最先进的公司。然而，不出三个月，激情不在。公司在许多方面可称是'激情杀手'"。马尔·汗指出，抹杀激情最主要的原因是沟通不足。[16]

牢记这点,我们常向我们的客户推荐三种可信的沟通策略:团队会议,层级信息传递和讲故事。这都是领导者和员工之间的相互交流而不仅仅是分享信息。

团 队 会 议

我们在橄榄球赛上常看到团队会议。在讨论时间,全队迅速分析当前形势并让每个队员准备好迎接接下来的比赛。在公司里,你见到的最明显的团队会议地点或许就是餐厅,餐厅每天一开门就成了聚集地。等待着的员工集聚起来里了解每天的特菜、VIP定位和其他安排。这种信息交流快捷、方便和连贯,并且有机会质疑、解释及讨论。团队会议的概念适用于体育团体、酒店,以及人数超过一人的任何公司、机构。

我(帕梅拉)数年前有幸参与了丽思卡尔顿(Ritz Carlton)酒店总部的团队会议。我曾参与了一次丽思卡尔顿酒店管理层讨论一系列政策的会议。同桌的一位年轻女士突然站起来说:"时间到了。"除了我以外,大家似乎都知道该做什么。但是我很快跟着他们做——乘坐电梯到三楼。到了三楼我知道要与其他人一样在走道间站成一行。我加入了队列里,马上看到了CEO霍斯特·舒尔茨(Horst Schulze)从办公室走出来并看了看墙壁。他从西装里掏出一张纸,开始宣读信息——那天所有丽思卡尔顿连锁酒店在集会上都收到了同样的信息。信息是关于员工应该如何应对喝得太多的顾客。这真有意思!宣读完这条信息后,舒尔茨先生宣布了前一天自助聚餐会的胜出者。他为最佳炖菜、甜点和最具创意菜品颁发了奖品。他以公司的口号结束了会议:"我们是为淑女和绅士服务的淑女和绅士。祝今天愉快。"12分钟内,我们组的全体成员都回到了会议室并继续讨论刚才政策和程序的话题。我刚参与了丽思卡尔顿的"集会",向全世界不同肤色不同民族的员工传递相同信息的一种沟通方式,这塑造并强化着其组织文化,每天都在发生！

团队会议或"登记"会能增强凝聚力，促进沟通并且更有效，因为许多事情都能在这些耗时短且频繁的会议中解决。最重要的是，日常会议给你机会表达出团队该做的最重要的工作——这将确保期望和职责一致。会议时分享的故事能帮你了解组织里发生的杰出的事情。这有助于激起那些正在迈向伟大的优异员工的认同感。

最高效的团队会议定期而有计划地开展，并且不超过 10 至 15 分钟。大家都站着参加集会，强调了简明的宗旨。以下情形很适合采用团队会议：

- 紧急事件
- 一般性的更新信息
- 当天的预期挑战
- 与组织价值、行为准则等相关的培训信息
- 讨论问题
- 赞赏
- 当天的激励讲话

团队会议同时能促进团队成员间的团体精神和合作。例如，詹妮特（Janet）曾在一个组织就职多年，这个组织通过团队会议来传递一致的信息，尽管办公地址都分布在不同的地方。她参与了一个日常 10 分钟的团队会议。最终詹妮特的丈夫调离岗位，他们搬去了另外一个州。不到三个月，詹妮特被诊断出患有恶性肿瘤，在这座陌生的新城市里她一个人都不认识。在完成一次成功治疗后，她写了封信给原公司的 CEO："当确诊患有乳腺癌时，我真不知道该怎样面对。正是原来同事的支持鼓励，我才度过了这一人生危机。他们给我很多卡片和礼物，也打电话来鼓励我。回想起在公司的那段时光，我想我们的团队如此有凝聚力是因为我们日常在一起的时光。每次上午团队会议的 10 分钟里，我们全心投入到团队中并努力完成工作，

这改变着世界。我相信这是我们所做的最重要的事情,同时它促使我们取得卓越的成绩;另外,在一起的时光让我们建立起了值得永远珍惜的终身友谊。不管未来有什么变数,请让团队会议制度贯彻始终,很难说下一个需要帮助和鼓励的是谁。"

我们的客户也发现日常团队会议常让每周或每月的正式会议变得多余。团队会议能经常召集并且具有一致的议程,这能提供实时信息,因此需要做的事务和面临的挑战能够及时地传递给大家。日常团队会议包含简短的教育和培训信息,因此每年有40小时的培训和拓展内容。员工开始参与到公司中,同时主人翁感得到提高,这是因为他们知晓公司的事务。这种方式能有效地增强组织价值、客服理念和员工操守。

层级信息传递

记得曾经孩子们玩的游戏吗?孩子们围坐成一圈,一个孩子悄悄对下一个孩子说句话,接着传下去,直到最后一个孩子收到这条信息。当最后一个人说出他们这组所听到的信息时,最终的信息往往与第一个人说的不同。组织内的沟通也是一样。随着信息在组织中的传播或"层级"传递,通过不同领导的不同方式和不同解释,原始信息会被曲解。

我们所见的组织沟通中最普遍的事项之一就是领导者如何传递信息。例如,月度管理会结束后,出于增强透明度这一想法,领导会与员工分享会议的重点,这是好事。然而,参会的领导们很有可能听到的是不同的信息,并总结出截然不同的重点分享给员工。每个领导都想与员工分享信息,但信息往往截然不同甚至相互对立,造成了沟通的不协同。我们注意到的一种有效的方式是,管理会议的最后一项议程应包括对一些特别事项的总结,即领导者散会后需向员工传递的重要信息。在大家离开会议室前,需明确将要共享的信息并对行动步骤达成一致共识。

为确保层级沟通与受众紧密相关,我们建议每次层级沟通采用一种四步过滤法。

- 信息。需要传递的信息重点是什么？这些信息如何与受众的利益和需要相联系？
- 媒介。什么场合能有效地传递出信息？
- 管理行为。在层级信息传递中领导者的作用是什么？
- 重复信息传递。如何强化信息？

讲故事

讲故事对领导者来说是一种方便易用但却很少采用的沟通工具。即便人们能更久地记住故事，并能比精确的数据更好地回忆起，许多领导者还是不愿意对员工讲故事。以下是不讲故事的一些理由：

- **我不擅长这点**。试试看！你很有可能比自己想象的更能沟通，故事是我们的好朋友，因为它们往往能被员工很好地接受和认同。
- **我不想被人认为虚伪**。那么就真诚相待。人们能够识别出你是真诚的还是虚伪的。
- **我没有很好的故事**。这倒有可能，因为你并没有搜集好的故事。每天从员工中寻找好的例子，并将其与大家分享。
- **这让我觉得肉麻**。没有甜言蜜语和虚伪地讲故事是相当有趣的。在困难时期，领导者不能错过像讲故事这样的任何免费的沟通工具。

如果很好地应用，讲故事能有以下好处：

- 讲故事是一种帮助你分享平凡的伟大的沟通工具。如果领导者只用一种方式沟通，那么员工会感到厌倦并开始不理会这位领导。当员工们漠视你，你就很难从他们的生活和工作中发现平凡的伟大。
- 讲故事是最好的培训模式之一。如果你希望训练员工表现出平凡的伟大，那么就告诉他们其他这样做的员工的故事。告诉他们相关并能努力赶上的事情。
- 讲故事能鼓舞人心。几乎所有人在听到其他人平凡的伟大事迹后都会受到鼓舞,并会以其为榜样而努力。这就是每个健康的组织文化都有英雄的原因,也是我们建立博物馆以纪念伟大的政治领导者、发明家、军人以及其他做过伟大事情的人的原因。这些故事源泉都为了让故事保持生机并使我们能将过去的经验教训应用于现代社会。

讲故事给人力量。当人们听到他人克服困难并实现了平凡的伟大的事迹后,他们会开始思考:"嘿,我也能做到。"在美国西部的一家急诊中心工作时,我们听说其管理者鼓励员工"不惜任何代价"让顾客满意。一天晚上当一位胸痛的男人来到中心时,考验开始了。他匆忙赶到医院。有一个困难是:当他入院后,心爱的小狗还在车上,并且他十分担心小狗。急诊中心的员工牢记"不惜任何代价"的理念,并由中心出资将小狗寄养在养狗场,直到小狗的主人平安出院。中心管理层和顾客都非常高兴。仅花了几百美元,中心现在便有了一位在外面帮他们宣传的人,包括向当地报刊写了表扬信。(一句老广告中这样说:"一种是你付费打广告,一种是公众对你的宣传。"急诊中心的这种宣传显然是后者。)于是小狗的故事在医院所有员工中广为流传,并视为"不惜一切代价"的典范。

数周后,中心换班,一位男士与家人穿梭于州际间,当开车来到这座城市时,他感到呼吸困难,于是全家人赶到急诊中心。他必须接受住院检查,而他的家人却陷入窘境——外地过来而住不起旅店。员工们想到了小狗的故事:"好的,如果我们能留宿一只小狗,我们确保能留宿人们!"于是他们为这家人找到一家收费合理的酒店并经由经理允许以中心名义支付了房费。这样的解决方式受到了来自中心的赞扬,并使得中心和社区更加紧密相连。生活充满着感动,员工更加投入到工作中,因为他们能带来改变。这些都源自一个故事。通过讲故事给平凡的伟大赋予更大的力量吧。

领导者必须确保组织环境能支持每个人发挥最大的才能。

- 为给一个能激发激情和热情的工作环境打牢基础,你做了哪些工作?
- 在沟通时你与员工"连接"在一起了吗?
- 你的同事对上次互动的印象是什么?

第七章

促进平凡的伟大

弹奏小提琴看似耗费精力,但对贝尔来说,小提琴的技巧在某种程度上说是第二天性,并通过练习和肌肉记忆巩固……贝尔说,他演奏时考虑得最多的是要像讲故事一样抓住情感:"当弹奏小提琴曲子时,你是一个讲故事的人,在讲一个故事。"

——摘自《华盛顿邮报》2007年4月7日文章"一场特殊的音乐会"[1]

领导者的参与激发员工参与。当管理者问我们:"我们怎样才能让员工更积极、投入和尽心尽力?"知名团队建立策划专家埃德加·鲍威尔(Edgar Powell)的话让人记忆犹新:"没有组织比其领导者的素质更强大。"[2]管理者的问题引发了另一个问题:"该组织的领导者是如何地积极、投入和尽心尽力?"一些领导团队明白这个意思,而另一些人并不清楚这两个问题间的联系。然而其间的联系确实存在并且十分紧密。领导者必须真切明白全心投入的员工能给组织带来改变。我们着重探讨四种领导者可用来成功增强员工参与度的策略:选择参与水平,认可,投入和参与,以及责任感。

选择一个能促进平凡的伟大的参与水平

领导者可以通过密切关注招聘程序为成功做好准备。一位领导者可以做正确的事，避免障眼物，赏识伟大，以及不断发现员工平凡的伟大，然而，如果招聘到认为伟大并不必要并对顾客和同事态度不好的员工的话，那么别的都无从谈起。因此，确保在招聘过程中寻找平凡的伟大相当重要。以下几种方法能让你将招聘过程与发现和创造平凡的伟大相协同：

- 有计划地招聘具有平凡的伟大的员工。你的招聘策略是什么？怎样才能找到最佳员工？你是有明确目标地招聘，还是仅仅在报纸刊登招聘启事，并希望找到优秀人才？如果在招聘时有困难的话，那么有一个小建议可借鉴。问每个员工这样一个问题："如果我原先就知道这个人的一切，假设他们并未在这里工作，如果他们申请他们的职位，我会雇用他们吗？"如果答案是肯定的，那么你当然要继续雇用他们，并弄清他们是如何被聘用的，或说是什么途径、引荐者或关系让他得到现在职位的。如果你有五个这样的员工，你现在便有了五个聘用平凡的伟大的可靠战略。如果答案是否定的，你现在在做什么呢？你是否指导、发展他们，并让他们知道自己的定位？即便是你不会再聘用他们，你每天会继续从他们身上寻找平凡的伟大吗？

- 在面试过程中，不要为了想快速达成聘用协议而吹嘘这份工作和你的公司。杰克·韦尔奇(Jack Welch)在《赢》(*Winning*)一书中建议到："你要夸大这份空缺职位的挑战；从其最糟的状态来描述它。"[3] 一所医院的人力资源副部长曾向我们谈到其病房部的高流动率。新来的员工常在工作一周后便离职(有时甚至是第一天)，这个部门的员工流动率相当高。当这位副部长开始探寻原因并进行离职谈话时，她了解到很多员工在得知需要清理一些污物后感到惊讶，这些污物很多是病人的排泄物。"没人告诉我我需要清理粪便，"其中一个员工告诉人力资源副部长。她了解到招聘经理害怕将求职者吓走而并未提及这份工作的不如意之处。但她这样做的后果更糟。

筛选和培训新员工的成本很高，而这些员工却纷纷离开。在招聘过程中要保持积极，并坦诚而真实地描述职位。如果求职者被你讲到的工作涉及的不如意之处吓跑的话，那么他也并非合适人选。网络鞋店 Zappos.com 的招聘程序更进一步。一周的新人培训后，Zappos 试图考验这些员工！每个员工被告知："感谢你们付出的时间。如果你们现在离开公司，我们会补偿你们的时间，并且还会补偿你们 1,000 美元的离职费。"这样的考虑是因为，如果 1,000 美元就能动摇一位新进员工的话，那么他也未必是合适的。Zappos 起初制定的是 100 美元，后升至 500 美元，直到现在的 1,000 美元，公司并考虑在未来增加这个补偿额。Zappos 公司深知，没有选到平凡的伟大的成本更高。[4]

- 让他人参与。当需要选择的时候，不要认为自己有能力独立选择出正确的人。避开孤独天才的陷阱。让团队的其他成员参与面试。看看你是否能拉住一些客户和卖主，求职者聘用后很有可能会与其打交道。这个决定需要你的勇气。让更多人参与的另一好处是能让新员工参与，接受以及感到友善。

工作不会以"你被录用了"结束。注意人力资源专家所讲的"新员工入职过程"。在新员工聘任的前几月里，请关注以下几个问题：

- 新员工与同事相处得融洽吗？
- 一些琐碎的事务如名片和计算机访问是否处理妥善？
- 这个新员工交到了朋友还是常常单独吃饭？
- 你的老员工会帮助新员工熟悉公司和公司文化吗？

新员工入职过程提供了一个与新员工交流的好机会。我（布赖恩）曾获得的最有价值的反馈信息之一，就是在我去的一家公司前几周获得的。一次会议后,一位同事将我拉到一旁告诉我:"布赖恩,你在会议上的表现或许在原先的公司行得通,但在这里可能会给你带来麻烦。我们不那样做。你把自己讲得太多。在这里,我们都把成绩归功于团队。"

认　　可

企业家玫琳凯·爱施(Mary Kay Ash)说:"仅有两件东西人们比性爱和金钱更需要,那就是赞扬和认可。"[5]确实如此——每个人都希望被认为有价值。我(帕梅拉)最近在新墨西哥州(New Mexico)进行了一次关于中型组织中建立认可文化的重要性的讲座。当我准备离开时,我注意到一位站在后排的女士焦急地等待着。最后她走近问道:"我能和你谈谈吗?"我抬起头,看见她眼含泪花。"当然可以,"我答道。她告诉我,最近刚庆祝了她为公司工作20周年,并获得了一张20周年证书。她对获得这个证书感到非常自豪,但谈到颁发证书的形式时她有点激动:她的主管一天走过她办公桌,并一言不发地扔下一个装有证书的棕色信封。她对这种做法感到震惊,她感到多年为公司无私的奉献得不到赞赏,一切的努力都没有结果。认可并不是一纸奖状、奖金或是奖杯。认可是感到有价值。

领导者懂得这点——他们知道认可在让员工参与中起着重要作用——但他们并未实际这样做。《透明管理——九大行为定律让你成为一流管理者》(*The Transparency Edge*:*How Credibility Can Make or Break You in Business*)[6]的作者兼同事芭芭拉·帕加诺(Barbara Pagano)与伊丽莎白·帕加诺(Elizabeth Pagano)对与认可相关的思考方式和行为之间的偏离很感兴趣。通过与领导者交谈,两位作者找到了领导者未能将认可员工排在优先位置的9种原因。在每个原因中我们都加入了评论。

9. 如果我过多地表扬员工,那么在绩效考评时就会出现难题——他们会期望得到高评分。这个理由是对平衡反馈的重要性提出质疑。

如果我们向员工提供积极而有建设性的平衡的反馈，并让他们知道他们的定位，那么他们就会明白事理并在绩效考评时不会感到惊讶。其实，绩效考评那天逐渐成为全年里最平淡的一天，因为关于业绩表现的讨论每天都在进行。

8. 当人们说他们需要回报和认可的时候，我认为他们想要更多的金钱。并不全是这样。经验表明，人们并不总期望奖金或加薪；他们知道公司的财务状况。但他们知道对他们辛勤工作的褒奖和感谢，以及在他们取得成绩和做出贡献时的赞扬并不花钱。

7. 我知道这很重要，但我总是忘记。领导者们需将认可放在首位——他们的员工会记得。每天要注意寻找机会赞美你的员工。如果你去寻找，那就一定能找到！我们建议客户至少每周对员工进行积极的赞美。

6. 我不需要别人的赞美，我想他们也一样并不在意吧。领导者的通病就是假定别人和自己想的一样。一些领导者宣称他们不需要认可；因此他们也不会认可员工。这种并不公平的方法假设仅仅因为你不想被认可，别人也不想。我们问问领导者是否能肯定地回答这个问题："有没有人曾经赞美或认可过你，并且令你记忆深刻？"是的，你希望得到正面的认可！现在就开始赞美和认可别人吧！

5. 他们或许会变得自负并不再努力工作。这就是领导的都市传奇。研究表明经常得到认可的员工很有自尊心，更加自信，表现出强烈的挑战欲并迫切希望为组织建言献策。我们没有遇到员工认为认可和赞美让人失去动力。马克·吐温（Mark Twain）曾经讲过："只凭一句赞美的话，我就能充实地活上两个月。"

4. 如果我赞美一个人，其他人就会认为我有所偏爱。因此没有人获得认可？记住，在人员流动时，最优秀的员工会最早离开，因为他们有最多的选择——每家公司都想要他们。轻视认可可能让你的优秀员工投奔竞争公司，那些公司往往能发现并鼓励平凡的伟大。

3. 我找不出任何认可员工的理由。你找过吗？记住，至少每周进行一次正面的赞美。那并不是整天待在办公室阅读邮件就能做到的，走出去看看，同时让别人看到你。基思·法拉奇（Keith Ferrazzi）著的《千万不要单独进餐》（*Never Eat Alone*）[7]中谈到了很多关于如何建立网络、如何保持可见性以及如何带来改变的好点子。

2. 我为什么需要赞美那些工作表现好的员工呢？那是他们的职责。他们以此获得报酬。人们工作以为获得报酬。褒奖和认可员工的优秀表现是领导者的职责。如果你的员工们在履行他们的职责，你也在履行你的职责吗？

1. 我十分忙碌。员工们知道领导很忙。让你的认可更加有价值。通过认可员工，你是把他们放在第一位。没有什么比让员工知道你真诚地认可他们还有意义。如果他们认为你没有其他更好的事干，那就没有什么意义了。

个人的认可很有影响力。我原先的一位同事贝特（Bette）性格活跃——她希望有公开的认可并有盛大的庆祝会。然而，我的另外一位同事卡伦（Karen）却相反，如果在公共场合赞扬她，她就会感到害羞。卡伦更喜欢低调地接受认可。对我的这两位同事来说，相同的认可，但是接受的程度取决于传递的方式。你知道每个员工的偏好吗？你将他们的偏好与相应的传递认可的方式对应好了吗？

管理者都在尝试着新的认可员工为做好工作所投入的精力和时间的管理策略。其中有些策略是不但要感谢员工个人，还要感谢其家人。感谢方式有亲笔写感谢信寄到员工家，有工作午宴和公派旅游，有为员工提供交通便利，甚至为员工提供私人厨师服务，组织发现管理者"员工的婚姻与家庭的鼓励"能激发强大的员工参与热情。

弗洛伊德咨询公司（Floyd Consulting）总裁马修·凯利（Matthew Kelly）讲述了这样一个故事：

一家具有严重员工参与问题的清洁公司找到我们咨询。他们有400名员工,而员工流动率高达400%。起初,这家公司调查了员工为什么离职,发现很多员工是因为交通不便而离开的。于是公司在3个不同的社区设立了交通车。通过这样做,员工流动率降至225%。

然而,还有很多工作尚待完成。我告诉他们:"人们并不会梦想成为保洁人员,因此你们需要知道他们的梦想是什么,并将工作与梦想相联系。"……这家公司聘任了一位全职梦想管理者,他会每月与员工及家人见面,确认他们的梦想并帮助他们一步一步实现梦想。

注意到现在有600名员工的公司员工流动率降至20%,凯利说,"当员工们开始将其家庭作为梦想的话,那么你就会在那里找到激情。没有什么比和员工们一起追求他们的梦想更有力量。"[8]

或许最终的认可是给予员工的至亲至爱的家人。我也有这样的亲身体验。我(帕梅拉)的女儿在她高中毕业时收到一张手写卡片,是我的一位主管同事寄出的。卡片上写着:"恭喜你取得如此好的成绩。世界等着由你来改变。你的母亲常常提到你并以你为傲。与你母亲一起共事我感到很开心,她全力以赴的工作精神一直鼓励着我。"讲到手写卡片,我(帕梅拉)最近遇到一位同事拿着我15年前给她写的一张卡片。她一直保存着这张卡片。在成为同事前,我们一起服务于一所社区区委会,那时我写了这张卡片给她。你永远不会知道未来将会怎样,关系将会怎样,一张小小的卡片会带来怎样的影响。

员 工 参 与

当下的一代员工(有时我们称为Y代人)所受的家庭和教育的影响和上一代人完全不同。孩子们现在在家庭决策中的意见很有分量,例如购买哪间房屋,购买哪种车,以及全家去哪里旅行。Y代人渴望在工作中干出一番事业，那些认为能用老方法管理员工的领导者，不仅在他们未能发现员工平凡的伟大时会感到震惊，也会在他们被过去认为行之有效的管理习惯（如保密，玩政治手腕和拉帮结派）上败坏了个人和职业名誉时感到震惊。我们组织的生存有赖于让员工参与到组织运行中并获得他们的好点子。

想想如果我们员工脑中1%的点子，改进建议和解决办法被认可、考虑和实施。我们的组织就是发生翻天覆地的变化，美国也会获得巨大的经济优势。[9]

当组织聘请我们帮助他们增强员工参与度，了解员工想法并付诸实施时，我们通常会问员工们不建言献策的原因。几乎在每个案例中，员工们的回答都是：提出的建议、分享的想法或提出的好的解决办法总不会被尊重（在员工们看来），或是被忽视，或是放置一边，或是从来都未执行。这个信息传递的含义是：尊重我们就采用我们的想法，或者至少让我们知道你为什么不采用我们的建议。

会后，我们向领导层提了以下问题：你尊重员工吗？你尊重客户吗？你尊重他人和他们的想法吗？你们会条件反射地回答："当然会。"但当我们问领导者，他们是否能做到真诚地倾听他人的想法，系统地分析建议，采用建议，并且需要的话，告诉建议者为什么领导未能实施，领导者才明白他们没达到尊重他人的标准。尊重在与人相处中十分重要，并且和所有伟大的事一样，它总是体现在细节上。

瑞恩·桑德伯格（Ryne Sandberg）在芝加哥小熊队（Chicago Cubs）担任了15个赛季的二垒手，并于1997年退役，他被认为是这项运动最出色的二垒手之一。他连续10年入选全明星赛，并从1983年至1991年连续9年获得金手套奖。在他的职业生涯中，0.989的守备率为大联盟二垒手纪录。他的故事不同寻常，因为他曾几乎被球队忽略。费城人队（Philadelpha

Phillies)在1978年的业余选拔赛中让他第20轮出赛,并想把他培养成游击手;但当费城人队发现他并不能成为大联盟赛游击手时,他们便将他转会到芝加哥小熊队。[10]

他们是对的。桑德伯格或许真不能成为大联盟赛游击手。游击手不能体现出他的天赋。小熊队安排他为二垒手,事实证明了他是这个位置最优秀的球员。2005年7月31日,他在名人馆的演讲中谈到他是如何从事这项运动,并对他的队友、对手和这项运动表达了尊敬之情。

> 人们告诉我,我能站在这里的原因,是我用自己的方式打球,并且人们认为就应该那样打球。我并不知道是否是那样,但我知道的是:我非常尊重这项运动,我不想敷衍了事,我能取得今天成绩的唯一原因是尊重。我热爱棒球。我是一名棒球运动员。我一直都是一名棒球运动员。我也永远都是一名棒球运动员。这就是我。
>
> 我观看了第四届大联盟赛,我穿着队服。是的,我非常敬畏。每当走在球场上时我都满怀敬畏之情。那就是尊重。我的教育告诉我,你永远都不能不尊重对手、你的队友、你的组织、你的老板,也不能不尊重你的队服。打一场精彩的比赛,像你原来那样,漂亮地击中一记球,看到三垒跑垒指导员并准备跑垒,打一记本垒打,低下头,扔掉棒球棍,绕场跑垒,因为国家的利益比个人利益更重要。这就是尊重。
>
> 我的经理唐·齐默(Don Zimmer)和吉姆·弗雷(Jim Frey)常谈到,我的准时、不打扰人、时刻做好准备、做好模范带头和无私奉献的特质让事情变得容易多了。我让他们的事情变容易了?这些他们所谈到的我每天做的事正是我的职责所在。我尊重他们也尊重这项运动,我不能让他们失望。我也很担心会让他们失望。我不想让他们失望,不想让球迷、队友、家人和自己失望。我非常尊重他们,不能让他们失望。[11]

尊重。你尊重你的员工吗，你聆听他们的想法并在决策时让他们参与吗？尊重常常是用行动来表达的。人们尊重桑德伯格，因为他在棒球运动中尊重他们。尊重别人，你也会赢得别人的尊重。

一句话"我不想让我的球队失望"讲到了团队的力量。团队将个人的奉献提高了到了新的层面，为个人参与创造了平台。社会化是人的基本需求，团队在合作与协作中增进友谊。团队将员工凝聚起来，员工们会感到是大集体的一部分。组织不但会从员工们的齐心合作中收益，而且也会从团队的集思广益中收益。帕特里克·兰西奥尼（Patrik Lencioni）说的"最大竞争优势就在我们面前——让大家团结协作。在组织中建立真正的团队合作是赢得成功和实现组织可持续发展的最好方式"。[12]

责 任 感

责任感就是遵守承诺。它是投入于一项行动，并坚定地履行这些行动。每个组织都深知能增强责任感的系统和体系的重要性。这相当重要，因为没有了责任感，我们会做很多无用功，并且不利于组织的可持续发展。那么个人的责任感呢？在你的组织中，领导者个人有责任感吗？

责任感的3种表现方式能使它真切有效。乔尔·亨特（Joel Hunter）[13]在他的博客中关于另一个话题有以下观点：

1. 对抗责任（Confrontational Accoutability）。法国有句谚语（"On nes' appuie que sure ce qui résiste"）翻译过来意思是："我们仅依靠那些相对立的事物。"为了使责任感植根于组织，在其行为不符合文化标准时，领导者必须敢于面对。如果太过相互依靠，我们的一些不良行为就会受到抵抗。这有多种形式：严厉交谈、提高指导、360度反馈——这些都是对抗责任的有效措施。很多公司想避开这个责任部分，因为这些方法会带来不愉快。但这是在组织文化中建立责任感的有力举措,并且必不可少。

2. 鼓舞责任(Inspirational Accountability)。你曾经努力为领导们工作只为不想让他们失望吗?这些领导鼓舞激励着我们,这也是一种责任感。伟大的领导者勇于面对,同时也能鼓舞人心。大多数鼓舞责任是通过以身作则实现的。你的行动鼓舞着他人的责任感吗?人们做正确的事是因为他们知道你想要什么吗?

纽约州德拉姆堡(Fort Drum)的科尔恩·杰尔姆·彭纳(Colonel Jerome Penner)就是这样一位善于鼓舞人的领导者。科尔恩·彭纳带领美军第10山地军医疗部队,在每天下午5点军队降国旗仪式时,他要求每个士兵停止一切活动,向国旗敬礼。一天下着倾盆大雨,一位年轻的士兵开车和他前往营地,下午5点钟时,当他们听到鸣炮声标志降旗仪式开始时,这位士兵不由自主地将车停靠一旁,他和科尔恩一同走下车向国旗致敬,雨水打湿了他们全身。几分钟后,仪式完毕,他们回到车上,士兵说:"长官,我相信这是应该做的事情,即便是在雨中。"科尔恩·彭纳回答道:"我们总做着应该做的事情,特别是在没人看到的时候。"科尔恩·彭纳提到他为他的教育深入人心而倍感自豪。他激励着士兵,让他们取得优异表现。这真是增强责任感的有效措施。[14]

3. 动机责任(Motivational Accountability)。是什么激励着你?那会关系到你的客户吗?你对客户有责任感吗?是的,责任感来自于客户。他们需要我们,并且他们也是我们获得报酬的原因。如果我们能更多地考虑他们的需求,更多地想想我们能为他们做什么,这就是增强责任感的一种有效方式,特别是对于服务行业的组织来说。任何一个行业都与服务他人有关。这个动机责任很有可能是你所缺少的。你会将客户的反馈意见与员工们分享吗?你会促进动机责任感吗?动机责任感告诉我们,别人需要我们,我们改变着他人的生活。

为了更好地发挥我们的潜能，这三种责任需要领导者付诸实施，并通过组织系统和体制加以强化。当今谁会需要你具有责任感？

这三种责任的成功需要具体的对话。"驱动讨论"是着重于获得一致举措取得的进步和成果的目标交流，并能促进成功。这些讨论能促进成果的取得。这些讨论看似会在员工和经理间经常进行，然而经验告诉我们事实并非这样。实际工作中，常规业绩讨论更倾向于对工作的大体回顾，并没有确保为实现既定目标而已取得了新的进步。以下情形十分常见：

经理：杰恩(Jayne)，我很关心你的业绩表现。在实施新原材料库存登记方面你已经超过三个月表现落后了。

杰恩：我有点心不在焉。我知道我参与了库存登记的会议，但是我还未意识到我对实施这项制度负有责任。我们从未讨论过，并且我大部分时间都投入到修改财务报告上了。

经理：那好吧，自从会上我安排了你后，我以为你知道你的角色。现在我们落后了，除非我们能迅速赶上，否则我们明年的新体制将不能实施。

要避免这种情况的发生，首先需要做的就是要确保员工和经理在目标、行动规划、步骤和期限上意见一致。最好能将这些事项用笔记录下来，以便在检查进度、确认重点和优先项时作参考。

市场中很多业绩管理系统提供了一种结构化的方法来管理目标和成果。我们相信这种系统很有意义。然后，为获得最大效用，业绩体系必须和经理与员工间进行的讨论协同。我们建议从以下几个问题开始：

驱动力讨论问题

- 什么事情进展得很好？

- 实现目标过程中的挑战来自哪里?
- 还有什么事情是你认为能完成但却未能完成的?
- 我能为你提供什么帮助以促进你实现目标吗?
- 有什么新的机遇是我们应该考虑的吗?

我们发现,四种首选的策略能促进平凡的伟大。通过选择有平凡的伟大潜质的员工,认可他们的贡献,让他们参与到组织的各项事务中,以及确保一种有责任感的组织文化,你便能为实现高度热情和忠诚度打下基础。

参与、积极和忠诚的员工是高业绩组织的精髓所在。

- 在选拔新员工时,你认为最重要的平凡的伟大特质是什么?
- 当你的同事全心参与到组织中时,他们会怎样描述工作环境?
- 你的组织能促进责任感的现有体制是什么?

第八章

为平凡的伟大创造可能性

> 贝尔在人头攒动的欧洲音乐厅演奏过,确确实实。为什么他在华盛顿的地铁站演奏会紧张呢?
>
> "当你为购票的听众弹奏时,"贝尔解释到,"你是已经被认可了的。我没有感觉到需要别人接受我。我已经被接受了。在地铁站,我会有这些顾虑,如果他们不喜欢我该怎么办?如果他们对我的存在感到厌恶怎么办?"
>
> ——小提琴家约舒亚·贝尔,引自"一场特殊的音乐会",《华盛顿邮报》,2007年4月7日[1]

在当今的商界,创造员工的可能性是组织最缺失的机遇。很简单,组织所需要的能让其成功的所有东西其实早已存在于组织内。不幸的是,大部分组织不能发现已有的伟大,失去了更好的发展机会。我们在前几章对平凡的伟大下了定义,那就是未被认识到的特质、品质、技能或努力。然而还有一些被忽略了,我们很快意识到对平凡的伟大进行全面的定义必须提到未实现的伟大潜质。(见图8.1)

组织错失机遇,因为未能发现眼前的伟大,大多数组织未能发现工作环境中个人和团队的潜能,而选择聘请管理专家或咨询师。

> **平凡的伟大**
> 普通人身上具有的较好但经常未被识别到的特质、品质、技能或努力;有时候会在不经意间被发现。
> 能充分利用自身热情、贡献和能量的个人和组织的未实现的潜质。

图 8.1 平凡的伟大的广泛定义

无限的潜能未被发掘,失去了组织和个人充分利用自身才能的机会。进而,我们面临的是未参与的员工数量相当庞大,"出勤低效"(员工有出勤,但工作没有干劲,没有投入热情,没有奉献到工作中)在各个组织中蔓延,同时员工也在工作中感到不快。

有快速、简单的解决办法吗?没有。如果每个领导都对以下的问题有答案的话,那么就迈出了一大步:"每天的工作结束后,什么能让我的员工说,'我充分发挥了我的潜能'?"主管和员工间的交谈往往停留于表面。他们常避开讨论能增强员工参与度和提高工作满意度的实质话题。很少有谈话能使领导者发现员工的抱负和隐藏着的潜能。我们介绍五种策略来鼓励有价值的反馈,领导者可用以建立一种能充分发挥员工技能和天赋的工作环境:确定动机来源,清楚发展的优势和机遇,进行关于抱负的谈话,建立一支强大的团队,并致力于发现平凡的伟大。也许大多数人都分别应用过这些策略,但将这些策略集合起来为组织提供周密的计划将无疑增加组织的竞争优势。

确定动机来源

是什么驱动着每个人?是什么让员工感到他们在做着有意义的贡献?

一位年轻人发挥了自己的伟大潜能,并在很小的年纪便做到了自我实现。被誉为"慈善神童"的 12 岁梅森·帕克(Mason Park)创造了超过 4,4000 美元的慈善捐助。他不断通过各种简单的募资方式筹集资金:销售手镯和柠檬水、洗车、收集易拉罐以及写信和打电话联系可能的捐助者。他把收益捐给了美国糖尿病协会（American Diabetes Association）、美国心脏协会（American Heart Association）、美国白血病和淋巴瘤协会（Leukemia & Lymphoma Society）及其他慈善机构。他这样做的动机就是基于一种真诚的无私奉献精神，他在自己设计的商务卡片上写道："世界上最伟大的事情就是知道你是他人成功的一部分……就是这样。人与人之间相互帮助。"[2]

梅森的事迹被多家媒体报道。但是还有无数不为人知的无私奉献的人们，他们内心相同的动力就是让别人的生活变得更好。我们需要不断努力去发现平凡的伟大。

动机来源问题

- 一项工作的哪两个因素能驱使你努力？
- 你的两大去激励因素（de-motivator）是什么？
- 哪项工作职责令你感到最满足？
- 你的许多工作职责都是乏味的，还是充满乐趣的？
- 下班后自己想想："我今天改变了现状。"是什么让你有那样的想法的？

弄清发展的优势和机遇

成功的领导者善于发现个人发展的优势和机会。他们知道要实现自我超越和伟大就要清楚地了解自己。他们注重发挥个人优势并让员工往较高的水平上发展。一旦领导者明白了这些"发展机遇"，他就会有相关的3种选择：

1. 寻求帮助并努力提高他们。这种方式在某种程度上能让弱势朝优势方面转变。这种方式要成功，也需要勇气，并且只针对某些弱势才有效。例如，一位领导者可能会成为更好的倾听者，能专注并指导员工，然而对预算不感兴趣或不喜欢财务的人能成为预算专家吗？这很难说清。关键是你要有选择性地提高弱势，而不要去改变本性。

2. 与那些有你不具备的优势的人共事。我们写这本书就是这个原则的最好例子，我们中的一位非常外向，他的思维能活跃地从一个概念到另一个概念。我们中的另外一位就比较内向，他会在一个概念完成的前提下，建立另一个概念。要让我们中的一个变成另一个那是几乎不可能的——我们也都会感到痛苦。其实，认识个人的优势和弱势，能让我们互相尊重，并发展自己不具备的优势，也能在互相尊重的基础上建立伟大的友谊。你的发展机遇是什么？一旦你找到机遇，就去寻找那些具有优势的人吧，他们的优势正是你的弱势，你需要向他们学习。

3. 避免接受那些正好是你弱项的任务。这是另一个选择——认识到自己的弱势并避免需要挑战自己弱势的情形。如果预算、事实和数字会让你感到沮丧，那么不要自告奋勇地负责预算编制部门的工作。如果你不擅长做长期计划，那么不要申请策略方面的工作。如果你是一位内向并偏好独立工作的人，那么不要在那些需要每天与许多陌生人打交道的前台工作。实际上，这些或许是一种发展员工的机遇。你惧怕的那些任务或许是员工期待的工作。传奇篮球教练约翰·伍登(John Wooden)这样讲过："你能为你所爱的人做的最糟的事就是他们自己能做到并应该做到的事。"[3]

成功的领导者会不断地了解自己的优势和弱势，并会感染他们的员工。我(布赖恩)最近去北卡罗来纳州(North Carolina)旅行，并驻足于一家奶品皇后(Dairy Queen)店。很显然，北卡罗来纳州的法律要求，餐厅将前一次由州相关部门进行的卫生检查得分张贴在显眼位置。这家奶品皇后店得分很高，点餐处张贴着一张巨大的"99.5"的合格证书。我告诉负责点餐的那位女服务员，100分获得了99.5分是相当棒的分数了，并祝贺她。她的回答让我感受到了其餐厅的领导力。"是很棒，"她说道，"但是还不够。"

对自身优势和弱势的探寻相当重要，因为这是给予员工讲述自己故事的机会，同时也让他人有机会发现平凡的伟大。我们的朋友里奇（Rich）便是这样一个例子。里奇在财务部工作并且是位优异的员工。他完成了所有交办给他的事项，但是，他认为老板卡伦（Karen）并未充分利用他的能力来为部门服务。里奇勇敢地要求进行一次交谈，借此"讲述他的故事"，分享他的优势，并讨论如何能增强他自认的弱势。卡伦欣然同意。会议快结束时他们写下了两个列表：里奇的和卡伦的。每个列表表示里奇的优势和弱势；然而，列表并不相同。一番讨论之后，他们就最突出的优势和最需要改进的部分达成一致。卡伦惊讶地发现了里奇的组织能力。她发现里奇不但擅长组织，也非常热衷于组织。他能让项目的各个环节高速运转起来。卡伦听说组织内需要管理后勤和安排上百位领导发展课程的负责人。里奇在他常规财务工作以外兼任这项任务。他有步骤地计划每天的各项事务，从停车、登记、就餐到超过500位领导，外省嘉宾以及嘉宾发言人。他在后勤管理方面的才能给人印象深刻——原先没有人注意过。但是他们现在注意到了，因为他安排的每个环节都被公司所有的领导看在眼里。他的例子很有借鉴意义。里奇现在仍在公司工作，他负责所有的库存跟踪、物资采购和仓库管理。他真诚地与领导者讨论自己的优势和需要提高的弱势，并从中获益，领导者也知道如何为平凡的伟大创造机遇。

发展优势和机遇问题

- 你认为自己最大的优势是什么？
- 你认为自己在哪个方面不具备优势？
- 同事评价你时，他们认为你做得最好的是什么？
- 同事认为你在哪两个方面还可以做得更好？

- 假如明天受到提拔,同事会认为哪些是你受提拔的原因?

进行关于抱负的交谈

你知道每个员工的抱负吗?你知道他们未来五年的职业规划吗?抱负交谈是员工与其经理之间进行的对话,着重于个人的发展行为以增强责任感、提高上进心或建立新的职业规划。

我(帕梅拉)喜欢在会议结束时让每个人与大家分享他们的个人想法。我发现这能在很大程度上增进团队友情。一次会议中,我让每个人思考所有可能的职业并选择一项他们期望获得的职业。我们轮流发言,每个人都与大家分享了他们"梦想的职业"。最后,轮到杰克(Jack),杰克是团队最年轻也是经验最不足的一位。他在会议中很少发言,说话语气柔和,并且大多数时间都很安静地沉浸在自己的世界里。然而,当轮到他时,他迅速站起来说:"我希望能成为一名激励讲师。我希望能积极地影响他人。"会议室一片寂静。紧接着,有人鼓励他,有人愿意提供一位成功激励讲师的发言录音带。杰克开始追求他的梦想。在接下来的几年里,我特意将他安排到需要与人交际和在人群前讲话的场合。由于性格内向,他开始有些胆怯,但慢慢地他开始越来越自信轻松。一天杰克自豪地告诉我,他在一家组织获得了一个领导职位,负责提高残疾青年的潜能。杰克找到了实现自己激励和启发他人的梦想的平台。

善于发现和发展平凡的伟大的领导者能看到与下属进行抱负交谈的价值所在。令我们感到惊讶的是,极少数的领导者会做这种简单、免费但会受益终身的抱负交谈。相反,以下的行为却十分普遍。

几年前,我们与美国西北部的一家急诊中心合作。中心的领导者在提高员工参与度和留住员工方面存在问题,当然也不能取悦病人。我们很快就找到了原因。我们第一次与这位领导者巡视中心时,一位护士助理(PCT)走进来问这位领导者:

PCT："打扰一下，老板，我准备辞职了。还有什么文字工作需要我完成的吗？你能帮助我，还是我需要去人力部？"

领导者："你要离开了？太令人吃惊了！你将去做什么呢？"

PCT："我在一家医院获得了一份护士工作。"

领导者："护士？但你是护士助理呀！"

PCT："噢，我刚从护士学校毕业，并即将离开这里。"

显然，这位领导者对这位 PCT 想成为护士很感兴趣，在两年前报读了护士学校，并在最近已经毕业了的情况一无所知。简言之，这表明了领导者和员工间缺乏沟通，于是我们对这位领导者的指导也就此展开。

你知道是什么驱动和激励着你的员工吗？你知道他们的抱负是什么吗？你经常和他们谈论这些吗？

这里有一些我们看到领导者用起来很成功的问题列表。记住，千万不要逐字逐句地向员工阅读。而应该领会我们的思想，知道抱负谈话的真正意义，并由你自由发挥。千万不要编造或操纵他人利用这些问题和随后收集到的信息。调查可以采用问卷的方式，但是我们推荐人与人间直接的交谈。有些员工需要在交谈前给予问题表以便于他们准备。

"我今年的目标之一是完善组织内部程序，让我能更熟悉这里杰出的天才——你们。我想花一点时间谈谈你们的目标和抱负。我非常认真地想要帮助你们实现个人发展，并感谢你们的合作。我知道这样的抱负交谈能让我们彼此受益很多。"

抱负谈话问题

- 你期望进一步提高的两项技能是什么？
- 你今年想要实现的一项新技能或才能是什么？
- 如果有无限的时间和金钱用在职业发展上，你会怎样投资它们？
- 公司内有一个特定职位是你迄今为止想要获得的吗？
- 你对于未来三到五年的职业规划是什么？

- 假如我有一支魔棒并能使你在所选择的任何职业中获得成功,你会选择哪种职业?
- 我能怎样帮助你发展职业?

在抱负交谈中,做好笔记,倾听,并在会议结束时,向员工保证你将会继续这样的交谈,并会在接下来的两周内帮助他们建立个人发展规划。在这种层面上投资你的员工能让员工知道,你不仅对他们为你做着什么感兴趣,同时也热衷于帮助他们实现个人和职业发展。

通过了解员工的工作动机、优势和机遇,以及他们的抱负,你便拥有了坚实的基础来为最大化发掘他们伟大的潜能做好计划。

建立一支强大团队

成为能吸引高绩效员工组织的另一个战略就是致力于培养和发展员工。继续教育已逐渐成为高绩效求职者越来越注重的一项选择标准。其实,最新的毕业生求职调查显示,工作愉悦感、职业发展、有挑战性的工作、培训和发展及与经理间的良好关系是一项工作最重要的部分。是什么让员工离职的呢?这项调查同样显示,缺少提升机会、不友善的同事、较低的起薪、乏味的工作任务及低效的管理方式会迫使他们离开。[4]

全球的雇主都面临着持续不断的挑战,他们必须吸引和留住他们所需的人才。全球咨询公司华信惠悦(Watson Wyatt)研究表明:"善于建立和维护员工的领导者往往也能将公司目标和员工回报一致相连。其业绩管理项目清晰地告诉员工,要提高自身能力和公司业绩需要怎样做。这种团队理念能更好地留住员工,同时也能吸引优异的新员工加入。"[5]

要真正做到发展员工起初会有些困难。我们回想起与一家大型度假村CEO的交流,他的公司在许多大城市里有多家分店。当我们建议他们采用一种全系统范围的发展方案作为领导层协同战略时,这位CEO的第一个意见便是:"我们从未在任何一次集会让所有的领导者出席。"他的第二个意见是:"我们没有办法让所有的领导者都放下手头的工作来参加一项培训课程。"这两个意见充分说明了问题所在。

将处于不同地理位置、不同管理方式的多个机构的领导者协同起来几乎是不可能的,除非在信息交流、预期及培训和发展方面具有一致性。我们在起初的交流会上便明确了这家组织领导层不协同的问题。当这位CEO提到他们负担不起领导者放下手里工作参加培训课程时,他指的并不是财务影响,而是考虑到哪怕一天没有领导者的监管,组织就不能正常运行。我们的看法有些不同,为什么没有领导者对员工的监督,组织就不能良好运行呢?显然,这家组织中缺失了高绩效运作的重要特质。

接下来是这个故事的后半部分。即使有些许犹豫,这位CEO最终还是在我们的多次建议下屈服了。第一次所有领导者都参与的培训课程相当成功,这家组织现在其全部700名领导者每季度参加一次为期一天的培训课程。现在,当问到使得组织取得新成就的战略时,这位CEO谈到的是其致力于发展员工,"我们员工是我们最大的资产。"很好地证明了这一点。

强力有效的培训和发展方案能使得组织在招聘和留住优秀员工时占巨大优势。其他益处包括:

- 一种组织环境,激发优秀员工的工作热情并留住他们,因为他们知道组织的战略能培养、发展、留住和回报表现优秀的员工;相应地,员工们愿意长期效忠于组织,努力工作,并成为组织的拥护者,将组织宣传给未来的同事。
- 一个体系,让低绩效或不合适的员工要么达到一个可接受的业绩表现水平,要么离开组织。顺便提一下,我们听到员工抱怨最多的是低绩效的员工仍留在组织内。没有什么比与明显缺乏技术、缺乏积极态度和动力或并不渴望成功的同事共事能更快地消磨员工积极性的了。

- 高级领导团队，用其智慧和经验来指导和发展下一代领导者。这样能传承组织知识。组织发展中的障碍、空缺和挑战，以及为取得成功制定的战略会列入考虑范围。
- 最后，或许也是最显著的：财务影响。组织的培训和发展计划很好地宣传了组织，那么，猎头、猎头公司以及招聘宣传的成本就能在极大程度上省去。节约下来的时间和金钱便能更好地用于其他方面。

致力于人才伟大

我们常有这样的说法："我们必须在正确的时间将具有正确技能、正确的人放在正确的位置上。"这点毫无疑问。然而与需要认真监管的金融资产不同，人力资本时常被忽略、不被重视并未得到很好的发展。当谈到人力资本时，高绩效组织的领导者与低绩效组织的对手在思维和行动方式上迥然不同。他们的领导不同于管理，他们的领导是可见的，与核心行为密切相连，并与员工共进退。组织的结构有助于领导者成功建立一个完善的人才管理项目，并能更好地吸引、参与和留住员工。

大多数的公司都能积极建立内部人才管理项目。但是如果你深入研究组织人才管理体系的功能和应用机制，你会发现实际操作的脱节让其形同虚设。麦肯锡咨询公司（Mckinsey&Company）调查显示，只有极少数公司将人才管理纳入其长期战略的一部分。[6]

一般的人才管理项目缺乏驱使平凡的伟大发展和促进组织成功的机制，我们总结了5种原因：

1. 人才管理战略极少使用并只是在某些情况下用来发展人才。人才管理战略是组织政策和程序的一部分，并依次发展，但却与日常工作关联不大。
2. 人才管理项目与组织商业战略和展现的商业需求不协同。一项人才管理战略也许是存在于组织内的,但它是一个孤立的部分,与组织未来发展的展望和计划并非一个整体。人才管理战略的发展内容与商业需求不协同,因此领导者们并没有对未来的事项做好准备,他们反而是依照当下的情况培养,所获得的技能和知识很可能与未来无关。

3. 高级管理层并没有密切参与。致力于人才管理需要高级管理层对人才管理充满热情,并表现在他们支持并参与到对员工的指导、监管和培训过程中。

4. 人才管理在领导者的进一步提升方面具有局限性,并没有着重于组织内个人的发展。人才管理项目应该为组织内的每个人,从基层员工到管理层职位都提供成长和发展的机会。这就是平凡的伟大。

5. 发展人才并不是每个领导者的责任和义务。并没有明确的期望说明发展组织的人才是每个领导者的一项重要职责。

鉴于"人才管理"的以上缺陷,一种新的"天才培养"(talent greatness)理念能让你和你的组织受益匪浅。天才培养比传统的人才管理范畴更广,不仅包含传统的吸引、参与和留住员工,还包含发掘每个员工的才能,发展其才能并将其与组织文化所支持的公司战略协同。天才培养成为组织个性化的价值主张,吸引新员工,留住老员工。原因如下:

- 天才培养没有随意性,它根植于组织的基因里,因为每位领导者每天都这样对待他们的每一位员工。这样,天才培养是一种更为现实可行的方法,因为大家不需要等待高级领导层来启动项目。
- 天才培养战略能完美地与组织的商业战略联系起来,因为在抱负交谈和指导员工时,领导者能借鉴商业战略。其灵活的特点能消除指导中的障碍:形式化和态度生硬。
- 相比一般的人力资源驱动型人才管理项目,高级领导者更倾向于参与天才培养项目,因为它能给高级领导者提供机会讨论他们喜爱的话题:商业本身。高级领导层越努力参与到天才培养中,成功的概率便越大。

- 天才培养并不仅仅局限于"我们准备提拔谁"或"谁能接替我的位置"这样的问题。天才培养的态度是三个"每"。它贯穿于每次交谈、每次指导机会和组织做的每次决策里。
- 一般的人才管理项目是无计划性的。天才培养与每位领导者的90天快速有效改革模式相辅相成。识别伟大、赞誉伟大并提升伟大成为组织的领导力品牌,同时也成为领导他人和教导他人如何领导的方式。牢记一句伟大箴言:"公司的领导者教导着公司领导者如何成为公司的领导者。"

神父詹姆斯·凯勒(James Keller)曾说过:"当一支蜡烛点亮另一支蜡烛时,它不会失去什么。"[7]这时,你与平凡的伟大靠得很近了,你一定能在拥挤的地铁站看到它。

作为领导者最大的快乐便是帮助他们实现他们认为不可能的事。

- 你知道所领导的员工的抱负吗?
- 你是如何鼓励周围的同事发挥潜能的?
- 你期望留下的领导财富是什么?

第九章

换种方式看世界

> 吉恩（Gene），你的作品通常不会让我掉泪。这个故事让我流泪了，并且一位朋友把它描述为"令人心碎"。我流泪了，因为我发现，去了解大部分人每天如何度日是多么地令人恐慌和沮丧，即使是那些聪明和专心的人们。有谁知道因为我专注于自己的心事而错过了多么美好的事情？令人感到恐慌的是，如果约舒亚·贝尔用斯特拉迪瓦里小提琴演奏的天籁之音都被淹没在人群中，那么想想那些每天都发生着的、只要稍加留意就能让人们更快乐的小事情吧？
>
> ——引自波士顿博客，对"一场特殊的音乐会"的评论，《华盛顿邮报》，2007.4.7[1]

我们已经讨论过了帮助识别、定义和最大化平凡的伟大的领导行为，但成功是属于那些能够从根本上改变他们对周围世界看法的人们。用完全不同的方式去思考和实践是对个人的一种挑战。只有当个人达到了这种状态，他或者她才能真正发现他们面前的平凡的伟大。换种方式看世界将会为你带来前所未有的机遇。记得理查德·巴赫（Richard Bach）在他著作《海欧乔纳森·利文斯顿》（*Jonathan Livingston Seagull*）中有这么一节：

不要相信眼睛告诉你的东西，

它们展示的只是局部。

带着你的理解去看，

探索那些已知事情的真谛，

你就会找到飞翔的方法。[2]

重估看世界的方式或许不会让你感到惊喜、惊异或新奇，但仍需要你改变习惯，这常常是很难达到的。记得一个笑话吗："换一个灯泡需要几个人？"答案是："四个。一个换灯泡，另外三个回忆那个旧灯泡曾经如何地好。"改变能够提供动力、令人振奋，并且将我们带向伟大。

花几分钟时间来看看以下的自我评估标准并挑战自己。让它指引你走出得心应手的领域，看到并欣赏你面前已有的平凡的伟大。通过对他人的优秀表现和自己潜能的进一步认识，你会获得更多乐趣，会更加快乐，生活得更为充实。

每时每刻都计划了吗？

在当今世界，我们过着"打钩填表"的生存方式。可悲的是，我们的社会充满着列表制造者，他们最大的乐趣就是逐项地划掉完成的事情。耐克（Nike）的口号是："放手去做！"喜剧电影《生命探员》（*Larry the Cable Guy*）中告诫我们"加油"（Git'er done）。这些都是我们现实生活所遵从的箴言。在个人和职业生活中，当我们决定去完成接二连三的责任和义务时，多任务处理（一次做多件事情）越来越普遍。这样导致我们没有时间去探索，也没有精力去看得更远。计划支配着我们，使我们无法停下步伐，静心思考日常生活中发生的事情的意义，让我们无暇发现身边的平凡伟大。计划变成了衡量产量的标尺："看看今天我的工作列表上有多少事情做完了！"结果变成了，不是我们决定计划，而是计划决定我们。

围绕着减速的观念，一个全新的运动正在兴起，并且有积极分子致力于与他们认为是滥用时间的行为斗争。73岁的律师埃德加·S.卡恩（Edgar S. Cahn）便是"减速运动"的领导者。他创立了美国时间银行（Timebanks USA），一个把时间当金钱对待的非营利组织，该组织试图帮助人们摆脱负担过重的生活方式。该组织的成员交换称之为"时间美元"的时间块。例如，有人会将遛宠物的时间用来交换下班路上购买杂货的时间。交易过程本质上是实用主义，卡恩的最终目标是改变人们生活的优先级，让他们慢下来，审视时间的价值并将其运用到其他事情上，而并非固守在计划上。"时间是我们所拥有的最珍贵的东西，"卡恩说，"过去的每一个小时，都不会再回来了。"[3]

他提倡的"随意的减速行为"包括：关掉黑莓手机，与家人共进晚餐，散散步。换句话说就是，让生活慢下来。

减速运动随着驻伦敦记者卡尔·欧诺黑（Carl Honore）所著的《慢活》（In praise of Slowness）这本书的出版已走向全球化。他以前是一个对速度成瘾的人，他让大家意识到痴迷于计划对健康和幸福会带来危害。一天，在思考怎样缩短与儿子在一起的时间时，他恍然大悟。他被自己的想法所惊骇，意识到应该找到一种方式更多地与孩子在一起，而不是减少相处时间。欧诺黑认为科技在一定程度上让我们不能"断电"和脱离了当下；他承诺当我们慢下来后，我们享受工作、朋友、美食和家庭欢乐的能力将会大大增强。[4]

《财富》（Fortune）杂志对世界500强的资深男性管理者进行了最新调查，答案令人惊讶。84%的被调查者希望的工作是能让他们在实现自身职业抱负的同时，有更多的时间做工作以外的事情；55%的人愿意牺牲收入。半数人想知道为了职业而做出的牺牲是否值得。另外73%的人相信通过重新构架高级管理工作，能够在提高工作效率的同时，也有更多的时间做工作以外的事情。有87%的人相信，如果公司进行这种转变，会在吸引人才方面更具有竞争力[5]。调查显示，负担过重的计划剥夺了人类本应该拥有的一切：配偶、孩子、朋友、祷告及睡眠。他们正在失去人生的本身价值。

今天、明天乃至下周的计划是怎样的？上面安排了时间来做那些作为普通人该经历的事情了吗？如果没有，你怎么能够去感受那些发生在你身上或者周围人身上的平凡的伟大呢？

你开始和陌生人交谈了吗？

你住在美国的哪个地方，你的教养、性格都会影响着你与陌生人的交谈。举例来说，美国南部的居民相对于北部来说，以更加开放、好客以及友善所著称，另一方面，如果你的父母坚持说："千万不要和陌生人说话。"这个建议很可能就会永远存在于你的潜意识里，并一直影响着你。最后，作为一个性格外向的人，你更倾向于与不认识的人搭讪，可能是在杂货店排在后面的人、飞机上坐后排的人或者是与你一同耐心排号等待服务的人。

大量的文字告诉我们如何打破坚冰，与不认识的人交谈。事实是大多数人都不情愿与陌生人搭讪，即使是有特定的原因需要这样做。在这种情况下，我们的障眼物便是当前所处的情景：一个我们不愿去破坏的舒适的环境，我们熟知那个环境或周围的人。结果就是，失去了大量的机会去学习和拓宽视野，因为没有能力与不熟悉的人沟通，我们其实成了陌生人。

在《蓝色公路》(*Blue Highway*)这本书中，作家威廉·李斯特·希特－穆恩(William Least Heat-Moon)记录了他穿越美国的旅程。由于他开放的心态，一路上他没有遇到一个陌生人；每个场景都是交朋友的好机会。在途中他偶遇了很多人，他们的生活就是平凡的伟大的印证。他在故事中对那些谦逊、务实却又做着不平凡的事情的人的描写使得阅读更为引人入胜。

在肯塔基州(Kentucky)的谢尔比维尔市(Shelbyville)有这么一个人，他正在挽救一段历史——一栋有150年历史的小木屋，在那个时期，小木屋是用斧子、手斧、劈板斧、楔子等手工工具修建而成。这人用撬棍顶住一根木桩，将木桩拔出来交到希特－穆恩手里。这根木桩的颜色比原木淡得多，但是令人惊奇的是,它闻起来就像是刚伐下来的木头。"你正在闻的木头取自于1776年的树木……它让你感受到历史,"这人说。他告诉希特－穆恩他正在复原这栋木屋以便"唤醒人们的记忆"。并且在复原木屋的同时,他感觉自己做着"能传承下去的事情"。

接下来是特拉斯比会修道士帕特里克(Patrick)的故事。他之前是贝德福德－斯图维桑特(Bedford-Stuyvesant)贫民区的警察,他厌倦了"流血、枪击以及谋杀",他总是在替人包扎伤口,更不用说他在警车后座接生了13个婴儿。因此他辞掉了那份工作并最终到了佐治亚州(Geogia)边远地区的圣灵(Holy Spirit)修道院。在那里,他承担了监管土地的工作,因此他以"修道士护林员"而闻名。为了解闷,他将所有的野花进行了分类,在将注意力转移到其他植物前,他鉴别出200多个物种。他告诉希特－穆恩:"简单是我们生活的世界的本质。这里会让你释放自己,远离愚昧、傲慢、自私……我跟随着宁静的呼唤来到这里。当静下来的时候,我会停止倾听自我,而是去倾听自我以外的世界。然后我就感受到了美妙的东西。"修道士帕特里克已经成功地摈弃了自身的障眼物,这么做让他更加开放地去感受伟大。[6]

尝试新事物

我们都是习惯和遵循常规的生物。我们条件反射般地依附于熟悉、安全以及过去用过的事物。然而,科学家告诉我们,除非努力去学习,不断挑战大脑来产生新的神经通路,否则大脑会萎缩。将大脑想象成肌肉:用得越多,它就越强。最好的学习方式之一就是勇于尝试新的事物。

那些能够持续学习的人的主要特性就是好奇。他们想知道演奏乐器、烹饪美食、缝被子或者是使用一门外语是什么感觉。他们对人、地方以及新的技术都很好奇。最终的目的是获得新知识和见解。

举个例子,历史人物中以好奇著称并且一直指引他走下去的是本杰明

· 富兰克林(Benjamin Franklin)。他的思想从不停歇。如果这个问题没困扰他,他就会思考另外一个,并且他总是决心找到答案。他敏锐地意识到尝试新鲜事物是持续学习的一种形式,并且他将所学到的知识用于更多的探索以及对人和形势有价值的洞察方面。

作为邮电部长,富兰克林首次提出了邮购目录的概念。他也发明了一个简单的里程表来跟踪邮件传送所经过的距离;他与30个志愿者创立了火灾保险公司(Union Fire Company),这是消防产业的雏形。他为一个城市所捐赠的116本书,从《天路历程》(A Pilfrim's Progress)到关于宗教和历史的论文,为国内首个公共图书馆播下了种子;他的风筝实验促成了避雷针的发明,用以保护船只和建筑;他发明了富兰克林火炉,一个可以放置在屋子中间的铁炉,用以更安全和有效地给屋子升温;微弱的视力促成了远近视两用眼镜的发明。他的事迹真是不胜枚举。[7]

像富兰克林那样充满好奇心的人会更加投入到生活中,总是在探求令人兴奋的活动和新奇的经历。他们总是积极地探索观察世界的新方式,在这么做的时候,他们会发现已经学到的价值被提升了。著名管理专家彼得·德鲁克(Peter Drucker)曾经说过,"要让知识更具有生产价值,我们必须学会同时看到树木和森林。我们需要学会关联。"[8]当新的经历所获取的知识转化成为对生活中另一方面的挑战、形势以及机遇时,关联就产生了。而本杰明·富兰克林就是这方面的大师。

底线就是:勇于尝试新事物将帮助我们揭露那些原先不知道的事物。它帮助我们克服那些大量阻碍充实生活的障眼物。它是发掘潜能、开放自我和发现身边平凡的伟大的又一途径。

每年你会学习一门新技术或才能吗?

作为孩子,在任何一个小学老师布置关于"当长大后我想做什么"的作业时,我们根本没有意识到局限性。而那时,一切皆有可能。

然而结果发生了什么呢？最终我们对自己能力的认知或者别人把限制的标签强加在我们身上，我们开始学着限制自己。

最近，我们有机会拜见一位绅士，他的意志、决心和认为一切皆有可能的态度为我们树立了榜样。他将永远提醒我们，即使在极端特殊情况下也应当拥有学习的能力。1994年，作为美军黄金勇士（U.S Army Golden Knights）高空跳伞队的一员，丹纳·鲍曼（Dana Bowman）正在亚利桑那州（Arizona）的优马（Yuma）上空进行例行训练。与另外一个搭档以每小时300英里的速度向地面俯冲，他们俩在空中相撞了。丹纳的腿严重受伤，他的搭档当场毙命。丹纳的降落伞打开了，最终他在失去知觉的情况下落在了一个停车场，他的一生从此永远改变。

凭着非凡的决心，他投身于艰苦的康复计划中。九个月后，他返回了军队，并在再服役仪式上借助假肢参加了跳伞——这是黄金勇士跳伞队里第一个截肢成员。

但是故事并没有结束。2000年，他成为了他的家族中第一个获得大学学位并且取得商业航空学位的人。如今，他参加滑水、滑雪、潜水、骑自行车等项目并且作为一个激励演讲者成为了充实、积极生活的榜样。[9]

下一次当你想说下面的话时想想丹纳·鲍曼吧，他永不接受局限。

- 我希望我会说西班牙语，但是我没有语言天赋
- 我不可能学习钢琴，那是孩子们做的事情
- 我无法获得高等学位，我不够聪明

我们每个人都有不可想象的潜能，但是想要学习一门新技术或者掌握新技能需要我们下决心去开阔眼界。这样做，我们会发现自己对世界的思考是完全不同的。一切皆有可能，并且我们会变得更能接受平凡的伟大。我们发现先前禁锢思想的障眼物都会消失。

每年你至少阅读六本书吗？

许多研究已经证明了阅读能够让思维保持敏锐。事实上,研究显示,那些不进行阅读(阅读是能保持大脑敏锐的活动)的人往往大脑功能逐渐退化。我们知道人的一生中自始至终在产生新的脑细胞以及细胞间的连结。脑力刺激是一个要素。锻炼大脑越多,则有更多的神经通路会生成。这真是一个"不进则退"的典型例子。

让人担忧的是,来自定制书籍出版商詹金斯集团(Jenkins Group)的研究显示：

- 1/3 的中学毕业生在闲暇时没有读过一本书
- 42％的大学生在大学毕业后没有再读过一本书
- 80％的美国家庭去年没有买过或读过一本书
- 70％的美国成年人过去 5 年内没有进过书店
- 57％的新书没有被读完过[10]

有相当数量的研究解释了为何我们不再读书——主要归咎于因特网上可以获取大量的信息。然而,上述的最后一项指标——不把书读完——则是另外一回事了。不能完全归咎于没有时间。学者进一步说,因特网的普及,让人们置身于改变阅读和思考方式的浪潮当中。人们的认知能力被改变了。

作为一项历时 5 年的研究计划的一部分,伦敦大学(Uniersity College of London)的学者们发现那些通过网络获得知识的人们的阅读方式很特殊：他们从某个信息源跳到另一个信息源,很少整体地阅读全部信息。研究报告称："用户显然不是用传统的方式在线'阅读';而一种新的'阅读'方式正展现出来,用户通过标题、内容页以及摘要水平地'强力浏览'以快速获取信息。似乎是网上阅读就是为了避免传统意义上的阅读模式。"

这是一种不同的阅读方式,塔夫斯大学(Tufts University)的进化心理学家玛丽安娜·沃尔夫(Maryanne Wolf)说:"阅读方式被网络转变了,这种方式将'效率'和'速度'放在第一位置,这样可能正在弱化我们深度阅读的能力,而这种能力在早先的印刷技术创作了冗长和复杂的散文作品时便出现了。在网上阅读时,我们变得更像是'纯粹的信息解码器'。当全心投入深度阅读时,我们诠释文字、与作者交流的能力才会得以充分释放。"[11]

阅读有助于我们观察到世界本质,并且去除个人偏见带来的障眼物。阅读能帮助我们避免错误信息,使得我们毫无偏见地认知事物。它拓宽了我们的现实世界,使得我们更有可能去感受每一天周围平凡的人们正在进行的伟大的事情。因特网将如何改变阅读能力的讨论还未下定论;我们不得不警惕这种新的方式会影响深度思考以及感受周围平凡的伟大的能力。

你能与想法不一致的人共处吗?

如果是生意人,你肯定了解多样化的价值。由于观念、问题解决方式和交流的想法的不同,团队多样化会使得工作效率得以提升。多样化能让你更容易"睁大眼睛"发现潜力,并且注意到同事们在职业和个人生活中所做的不平凡的事情。然而,如果工作环境中都是一群思维方式相同并且希望以安全稳妥的方式做事的人,那情况就不一样了。

例如,考虑一下群体思维的概念。它被定义为心理障碍,并可能严重影响一个整体团队的决策过程。组织中个人思考时变得更少挑剔,整个团队主要的任务就是达成共识。这种统一的感觉变得如此重要,以至于大家都放弃自我想法去维护它,害怕失去共识后整个团队会分崩离析。随着共识发生了变化,团队成员专注于团队目标,并毫无疑问地会有相同的想法。因此,群体思维是种恶性循环,个体会在群体思维的障碍中越来越失去个性。

群体思维这一概念被广泛研究过,但是对其最为权威的研究,是这个概念的创始人欧文·贾纳斯(Irving Janus)的研究。他想弄明白为什么颇有才智的团队成员时常会做出不那么明智的决定并且导致灾难性的后果。关注政治领域,他研究了颇具争议的事件,如美国入侵猪湾事件、朝鲜战争、珍珠港事件、越南战争和古巴导弹危机。他认为在那些事件中进行决策的人们,太注重于达成一致共识,以至于他们无法考虑其他有创造性的替代行动方案。这种状况,他命名为群体思维,可以被认为是偏见的一种形式。团队成员受到相互关联的桎梏,使得他们拒绝考虑"外人"的说法或者接受不同的思考方式。[12]

我们发现如苹果、Google、3M、丰田以及微软这类革新性的公司的做法截然不同。这些公司的"圣杯"就是一个员工思维完全不同质的、能够考虑到所有可能性的工作环境。

戴维·凯利(David Kelley),Ideo 设计公司的创始人,从一次不平常的经历中寻找到了自己毕生的使命:被诊断出癌症。"我来到这个星球就是为帮助人们拥有创造性的自信心……尽我所能地教授大家充分使用我们的大脑,这样他们在生活中遇到的每一个问题,做出的每一个决定时,除了想到解决问题外也要考虑到创新。"凯利坚信癌症带给他更多的决心来做此事。

约翰·梅达(John Maeda),罗得岛(Rhode)设计学校的校长,他这样描述朋友凯利:"他是你立志成为的那种人……无名的超级明星。"

戴维·凯利决心从设计者到设计思想家的转变,使得他生活的各个方面发生了彻底的变化,包括从个人到职业。他关注的不是最终的结果——某个设计挑战的解决方案,而是解决问题的方法和方式。令人惊奇的是,如果方法对路,结果始终是会超出预期的。[13]

通过社会维度可以很容易地将那些与我们不同的人们纳入我们的生活中。参加不同的以博爱为本质、以交流为导向或者基于信仰的志愿者团体,能够帮助我们更好地认识到那些做着平凡而伟大的事情的人们。那些服务于他人的志愿者们更能发觉到什么是障眼物:那些阻碍利于他人无私奉献行为的障碍物。

最好的朋友是你的翻版吗?

朋友自然会和你拥有相同的兴趣爱好或者背景,这可能会导致自我限制。那些不是自己翻版的朋友可能对你会有刺激和启发作用。我们可以向他们学习到那些我们从来不接触的事物。更进一步,他们不同的特质会提示我们考虑自己可能错过了什么。

作家珍妮·厄格洛(Jenny Uglow)的著作《月亮人》(*The Lunar Men*)讲述的是十八世纪中期英格兰一个著名团队的故事。在这本书里,她分享了一段有关伯明翰月光社(Lunar Society of Birmingham)的历史,他们周一聚集在离满月最近的会员家中(这样就能够在凌晨看到自己回家的路)。实际上,这个吸引人的团队正是工业革命的先驱。他们中有制造商马修·博尔顿(Matthew Boulton);物理学家、诗人及生物学理论家伊拉斯谟·达尔文(Erasmus Darwin);发明家詹姆斯·瓦特(James Watt);陶艺家乔赛亚·韦奇伍德(Josiah Wedgwood);还有牧师兼化学家约瑟夫·普里斯特利(Joseph Priestly)。

他们会在下午早些时候聚餐,桌上堆满了酒以及"鱼和阉鸡,切达和斯蒂尔顿奶酪,饼和葡萄酒"。他们的孩子在膝边玩耍。当月光社的男人们晚间高谈阔论时,妻子们则在另外的房间里闲聊,打扫桌面以为他们的模型、规划和设备腾出空间。在交流中,他们相互写诗颂扬,为每个人参与的不同项目鼓劲儿。集科学、艺术以及商业贸易于一体,这个社团的朋友们修建运河,释放气球,为植物、气体及矿石命名,真正改变了英格兰的面貌。[14]

这个有趣且真实的故事使得我们不禁要想,如果没有这群完全不同,但却成为朋友,最终相互支持的人,人类文明将会如何发展。月光社中的每一个人都刺激着其他人的创新,打开创新之门,并且培育着不同的思维方式。如果身边存在能力和生活方式与自己不同的朋友是多么幸运的事情啊,那样我们会更容易发现并拥有平凡的伟大。对多样性作用的理解将会去除掉诸如"人以群分"或者只关注人的外在特性等障眼物。

你是一个风险承担者吗？

一个人被叫去做某件事的时候，他清楚地知道事情是什么。但是他们为了扮演好生活中的角色而承担的个人风险却不是那么明显的。厄尔·奈廷格尔(Earl Nightingale)给我们讲述了这样一个故事，一个农夫步履蹒跚地在田地里走着，突然在田里发现了一个被丢弃的一加仑的玻璃罐子。旁边的藤子上结了一个小南瓜；他把南瓜放到罐子里，并且没有损坏藤。小南瓜不断长大，但只能在罐子内生长。当最终抵满整个罐子时，它无法再继续长大了。它也就只能长到罐子这么大了。[15]

我们把南瓜喻为那些自我限制的人，他们发展到一定的程度便停滞不前了。束缚他们的不是玻璃容器，而是对冒险的拒绝。恐惧、自满或者缺乏好奇心，他们也是各种自我强加的障眼物的牺牲品。对孩子们的研究显示孩子们天生具有冒险能力并且毫无顾虑。孩子喜欢尝试新鲜事物，冒险是为了追求结果并且不惧怕失败。但不幸的是，在成年后这种开放的心态几乎大部分（并不是所有）都消失了。

对参加极限运动顶尖运动员的调查显示，他们进行这项运动的原因是：不在乎取得什么样的成绩，在于享受这样的过程。他们得到了无限的自信心并从桎梏中得到解脱。有些东西又在心中产生了。也许孩子们本能地知道这些并且将承担风险作为成长本身的一部分。

有无数关于平凡人的故事，他们成功地应对困难，无私地承担重任并感动着他人，想想那些职业吧，例如消防、执法以及救生员。

除了那些冒险的英雄主义方面，有很多故事是为了人们的需要而无私冒险的事例，并实现了平凡的伟大。奥兰·李·布朗(Oral Lee Brown)就是其中之一。

回到 1987 年，布朗在等待红绿灯，以穿越加州东奥克兰市（East

Oakland)的一条道路。这时她听到了一个声音在请求施舍,然后看见了一个小孩。她以为小孩想要钱买糖,就叫小孩跟她去街边的一个小店。小孩请求她给予面包和腊肠以养活家庭,而不是糖果。布朗大吃一惊,给小孩买了食物,然后问:"你妈妈在哪里?你上学吗?"小女孩害羞地回答道:"有时会去。"然后就穿过街道跑掉了。

随后,布朗发现这件突然发生的事情在她脑海中挥之不去。为什么小女孩会辍学?是什么情况让她开始乞讨?在几周的辗转反侧后,布朗开始寻找这个小孩。她从本地的小学开始,在那里她看到了被认为是当地条件最差的一年级教室。几乎所有的孩子都来自暴力区的穷苦家庭。极少数家庭的双亲都失业。

布朗那天并没有发现那个小孩。但是她转身问老师是否可以收养那个班的学生,接着她接受了这个巨大的个人冒险:她当场向所有孩子许诺,如果他们能完成中学学业,她会让他们得到接受大学教育的机会。

那时,作为房地产经纪人的她,奥兰·李·布朗每年有 45,000 美元的收入。

然而,几年以后她很好地实现了自己的诺言。当 23 个孩子中的 19 人高中毕业后,她将他们送进了大学。在孩子们的成长过程中发生些了什么呢?布朗成为这些孩子的养父母,与他们保持紧密的联系,鼓励、教导着他们。毕竟,她让这些孩子看到了未来,避免了这些孩子加入高中辍学的行列。

如你所想象,她的风险,使她的生命负担了沉重的代价,并颠覆了她的生活。为了筹集异常高额的学费,布朗每年将自己的 10,000 美元投入了一只信托基金。那不是一件容易的事情,她时常身兼数份工作,最后成立了由本地商业资助的基金会。在 2005 年的采访中,布朗说,在她遇见这些孩子以及向他们的父母解释自己准备做什么之后,她坐在车里不停地颤抖。向 23 个贫困的孩子做出承诺的做法让自己感到害怕。怎样才能做好这件事呢?

但是她坚信自己的能力并相信自己能够完成。今天,布朗资助的 18 个孩子已经大学毕业,还有 3 个成为了研究生。这是一个充满同情和希望的故事;这是一个很少有人能够想象的、寓意深刻并且基于巨大风险的平凡的伟大的故事。[16]

你会总结经验教训吗?

"实践出真知。"对于这句格言最早版本的描述源自伟大的罗马领袖朱利叶斯·恺撒(Julius Caesar)在《内战记》(*De Bello Civili*)(公元前 52 年)中的记录。[17] 几个世纪过去了,我们是否是追随着这位伟大的领导者的话在做呢?历史证明,在我们的生活中,本应从实践中得到的经验教训经常被自己眼前的障眼物所削弱。

学习权威学者戴维·科尔布(David Kolb)提出,要使得学习过程更有效率,四类行为必须依次发生。首先,我们感知信息;接着,我们反思它是如何影响生活的某一方面的;第三步,比较它与我们已有的经验是如何匹配的;第四,反思这些信息是如何给我们的行动提供新方式的。[18] 第三和第四步(比较和反思)在较大程度上受个人偏见和无空闲时间反思的影响。

另外,分隔也导致人们吸取不到经验教训。我们趋向于选择那些有能力有经验值得我们学习的人。这方面的主要实例是从孩子们如何经历生活的研究中得到的。

弗雷德·爱泼斯坦(Fred Epstein)博士是全球享有盛名的神经外科医生,他是对孩子的脑部恶性肿瘤进行生命拯救计划的先驱。他在纽约大学医疗中心设立了儿童神经外科,并且是贝丝以色列医疗中心神经学和神经外科学会(INN)的创始人。

他还写了一本令人心碎的书《假如我能活到 5 岁》。标题源自爱泼斯坦博士的一位病人的愿望,一个与脑瘤做斗争的名为娜奥米(Naomi)的 4 岁小女孩。如果能够禁受住与病魔所有的抗争和痛苦——如果能够活到

5岁,她知道她可能学会骑自行车、向后跳绳,并且学会系鞋带。

这本书里,爱泼斯坦博士记录了那些幼小的病人的心理、思想和灵魂,以及从他们身上所学习到的令人惊叹的东西。他承认外科医生一般都会将自己的职业和感情完全分开,声称他们被训练得认为他们的职责就是保证客观专业。然而他的小病人们——他将他们称之为最伟大的导师——教给他的则不同。事实上,他和他的同事们得到了与一般想法相悖的结论:与他们的病人走得越近,他们就能从病人身上得到更多的力量和鼓励。将他们的心,他们的想法向孩子们敞开,他们学习到了早期职业生涯中没有学到的专业和个人教训。

在爱泼斯坦的话中,"我曾经认为勇气就是指在手术室里处置最复杂的状况,成为那个左右患者生死的人。现在我意识到在化疗时抓住孩子的手远比手术中掌控孩子的生命更加需要胆量。"[19]

这位令人佩服的聪明男人曾经把自己的整个职业生活与那些小病人的平凡的伟大相隔开。只有让自己敞开心扉去面对经历的一切,他才学到了深刻的一课:分隔是阻止他看清事物的障眼物。

你时刻都保持着激情吗?

迈克·罗(Mike Rowe),电视节目《干尽苦差事》(Dirty Jobs)的主持人,曾被《快速公司》(Fast Company)杂志邀请分享生活经历和启示:他在世界各地与从事人们认为是恶心工作的人相处的经历。他列出的第一条是:"从不追随你的激情,但随时随地都要带着你的激情。"这条很好的建议打动了我们。有人说,"追随你的激情。"这是很愚蠢的建议。如果我(布赖恩)只是追随我的激情,恐怕大部分时间我都会在后院和孩子掷球玩。我非常热衷于与家人在一起,但是,这显然需要与挣钱以及承担其他责任等相平衡。所以我们喜爱迈克的建议——无论你去哪里都带着你的热情。[20]

在组织发展咨询方面的资质,使得我们有机会与客户在员工的自发努力方面有很多合作。在其他员工力求做最少工作的同时,是什么使得有些员工能做得比你要求的更多?当有些人迫不及待地等待下班铃的时候,是什么使得有些人能加班工作?这些看似是当今员工面临的核心问题。我们怎样才能从每个员工身上获得最大化的自发努力呢?

在大多数行业中,最大的支出的不是物资或者设备费用,而是人,支出主要体现在工资和福利上。当我们调查某个财务上不那么好的新组织时,我们敢说最大的浪费不是在供应部或者仓库里。一位员工回到家后常常会想:"我可以做得更多。""我可以付出更多。""我可以对那个客户更好点,但是谁看得到呢?""我应该对同事完成我承诺做的事情,但是谁会在乎呢?"简单的数字就可以证明事情正是如此,因为在大多数公司,那些做得超过要求的员工获得的报酬,实质上并不比那些为了保住饭碗而只做必要工作的人高多少。这些是让那些每天自发努力的员工感到巨大挫折的因素之一。这么做通常都没有金钱上的回报,那谁还做呢?

或许相当一部分的答案就在迈克·罗的建议里。一些人没有随时保持激情。你有吗?不是"你对工作有激情吗?"而是"你是满怀激情地开始所有新的任务了吗?"

迈克的电视秀可以让我们深入了解这个概念。他采访的每一个人都从事着苦差事,而且看似大部分人并没有因此而变得富裕,但是每个人都忙忙碌碌并对工作充满热情。会有人真的对收集鸡粪或者清洗水泥搅拌机充满激情吗?我猜不会。然而,我认为这些人随时保持着激情,并且无论他们从事什么样的工作,他们都充满激情。它有助于我们对所做的工作产生兴趣吗?当然。但我们也遇到一些管理者,他们工作环境优良、待遇丰厚,但工作中确垂头丧气,工作热情度远不及迈克的那些朋友。他们有优越的工作,但是却没有将激情带到工作中来。

如果你的工作团队是由一群为了保住饭碗只付出最少努力的人构成,那么你将永远无法创立一个伟大的公司。我们如何确保每个人都在自发努力呢?有以下方式可以确保人们将激情带到工作当中:

- 让员工知道你的期望。不是人为地给他们"更卖命地工作",或者是"今年,让我们少花钱多办事"的感觉(这些方法都是负面的并且会适得其反);相反地,以一种清晰的方式告诉员工,作为这个团队一员,做得比要求的更多是一种荣誉。重视提供优质客户服务的公司将会利用每个人的自发努力,并将一句鼓舞人心的口号"没有谁的客户服务比我们做得好"体现到行动中去。

- 聘用那些有激情的人。自发努力是你无法在课堂上学到的。你需要去寻找那些每天将激情带到工作中的人们。你现在的聘用模式是否有助于你发现那些做得比要求的更多的人们,是否有助于淘汰掉那些有着"老板,如果我为你做得更多,那么我希望你能给我更多"想法的人呢?一个提高吸引满怀激情生活和工作的员工几率的方法,就是在面试时向应聘者问这样一个问题,"告诉我一些在你上一份工作中做得比老板要求的更多的事例吧。"如果应聘者没有答案或不能说出前面工作中有这类的事例,那你还指望他们能为你做什么呢?

- 肯定激情。如果你发现员工在工作中做得比预期还好,那么要充分肯定。让大家知道在你的公司和部门,付出比回报多的人才是英雄。每天你都要寻找那些做得比要求更多的员工,与客户在一起的时间比要求更多的员工,以及在同事中起着表率作用的员工。在各公司普遍裁员和人力资源转移频繁的当今社会,错过发现自发努力员工的机会将会让你损失惨重。记住,这方面是公司能消除浪费的机会。你今年的目标就是:在每天的每项工作中,让每个员工都投入他们的激情。

- 榜样作用。员工是否看到你也做得比要求的更多?当你和客户在交流时他们看见了些什么?他们看到你的激情了吗?你每天都带着激情吗?如果你无法起到表率作用,不要指望员工也有所表现。

随时随地保持激情是发现平凡的伟大的重要基础。这么做的领导者将会更加开明,更加愉快,也更能发现平凡的伟大,因为烦恼永远不会阻碍他前进。地铁站来往的人们可能对某些事情充满热情,可在那一刻,大部分人失去了激情。他们那天没有在上班的路上带着激情。

据报道,约翰·F. 肯尼迪(John F. Kennedy)总统曾经在空间探索早期参观过 NASA 航天中心,在参观期间他遇到了一位管理员。肯尼迪总统问:"你在这里是做什么工作的?"回答是:"我正将一个人送到月球上去!"

在西弗吉尼亚(West Virginia)长大,我(布赖恩)听到过一个关于乡村医生的故事,一天深夜,他被叫去在偏远乡下的一位病人家行医,那是一位即将分娩的孕妇。家里没有电,唯一的光源就是一个灯笼,医生要求那个准父亲在一旁举着灯笼,这样医生才能进行工作。几分钟过后,孩子的哭啼声传了出来,一个新生命降生了。那个父亲,急于第一时间看到自己的孩子,将灯笼放在了地下,医生大叫道,"把灯笼举起来——还有一个孩子要生了!"很明显,是双胞胎!然后,又一次,父亲将灯笼放在地板上,医生又大叫起来,"灯光在哪儿?是三胞胎!"

父亲感到很惊奇,于是问,"你认为是光线在吸引他们吗?"

光的吸引。你是否正在散发着光芒以便其他人能看见你身上平凡的伟大,并通过你看到其他人的平凡的伟大呢?

《传道书》(Ecclesiastes)曾经写道:"凡你应当做的事,尽力去做。"[21] 点燃激情,你就会发现平凡的伟大。这样,你会获得更多的快乐!

你是怎么做的?

做完这个评估,你自己学到些什么了吗?或许你发现把自己隔离开来而没有充分发挥自己。或许由于没有迫使自己从不同的角度看待事物,所以你与能发现到平凡的伟大的机会擦肩而过。

也许这个个人列表已经显示了它的目的:如果有意识地换种方式看世

界，我们就能学着在最普通的场景里发现伟大。

要看到平凡的伟大，需要我们以不同的方式思考和行动。

- 改变你人生的最显著的机会是什么？
- 为提高你发现和欣赏平凡的伟大的能力，什么事情是你今天就能开始做的？
- 怎样让你每天都保持激情？别人能明显地看到你的激情吗？

第十章

竞争时代平凡的伟大

> 苏泽(Souza)指着接近扶梯顶部的地方愠怒地说:"几年前,一个无家可归的人就死在那儿。他瘫在那里,然后就死了。警察来了,救护车也来了,但没人停下,哪怕是停下来看一眼发生了什么的人也没有。"
>
> "人们仍然目视前方,走上扶梯。每个人都心事重重,漠不关心地忙着自己的事情。你明白我的意思吗?"
>
> ——埃德娜·苏泽,朗方广场的擦鞋匠,摘自2007年4月7日《华盛顿邮报》刊登的"一场特殊的音乐会"[1]

在我们完成这本书原稿的同时,世界经济架构也出现了意想不到的混乱,并且冲击速度越来越快,影响范围越来越广。当今的经济环境对全球带来了巨大影响,对各个工作场所的影响也越来越显著。我的同事们十有八九在工作的同时,都感到紧张、害怕、心事重重地考虑着个人处境。从各种数据指标统计可以看出,旷工、工作时精力不集中、同事间的冲突、人情冷漠等状况愈演愈烈。

与此同时,我们收到了全球各地管理者的电话和邮件:"在这前所未有和不确定的时期,我该如何管理?""当我们重新评估和定义那些我们认为是'平常'的事物时,我们该如何关注那些平凡中的伟大?"好问题!在当前环境下,领导者更需要在员工踌躇迷惘时,站出来率领大家破雾前行。为了让领导者很好地付诸行动,在这本书即将出版前,我们加上了这最后一章。

让我们来看看在第四章中提到的虚拟 CEO 约翰,最近六个月来,他和他的管理团队正忙于应对由于经济衰退造成的各业务部销售状况持续走低的窘境。与此同时,利息收益降低,低成本供应商宣布破产,公司不得不花高价购买原材料,产品利润率已经降到相当危险的程度。为此公司不得不召开一系列会议,重新制定战略规划以应对当前面临的严峻挑战。

避免目光短浅的决定

在周会上,约翰一脸严峻地说:"过去的几个星期,我们已经讨论了最近的经济衰退给我们公司财务状况造成的影响。感谢大家做出的努力,以及为公司下一步发展所做的计划。最新的数据不容乐观。很明显我们应该立刻行动起来,重新定位以应对将要发生的一切。"

"你是指大力进行成本控制吗?"丽塔问。

"除此之外,我看没有别的选择了,但是我还是乐于听大家出谋划策,在未来 10 个月内,如何弥补 1,000 万的赤字,"约翰回答道,"在我们做到之前,还是让我们讨论一下要采取哪些措施才能达到这个目标吧。"

"那我们就关上门讨论一整天,制定出完成这个目标的一系列措施吧。"奇普建议道。

"我觉得应该制定一个全面的紧缩政策并且让所有经理照此执行,"比尔说,"就像我们在 1986 年做的那样。"

"我不同意,比尔,"丽塔说道,"我也记得那个时期,并且我还记得执

> 行紧缩政策后不久,我们因为砍掉了很多有价值的服务而失去了很多忠实客户。同时我们还失去了大量优秀的员工。所以我不认为这是个好办法,我们需要更有效的手段。"
>
> "丽塔,我们必须赶快行动了,"奇普说道,"公司紧缩政策能达到我们的目标,不能等了。我们必须精简职位,要不将每个部门的薪资待遇强制缩减5%怎样?"

在压力重重和经济形式不明朗的环境下,领导者时常会不经过慎重考虑就做出决断,而这些不考虑长期后果的决断往往会触及底线。对于组织来说,刻不容缓的是立刻判断出哪些东西是必须保留的,尤其是那些会影响客户满意度,以及产品或服务质量的方面。全面紧缩公司支出是在经济衰退期间普遍的策略,不过很少能达到预期效果。要避免草率做出决定,最重要的就是要全面衡量制定政策的正面和负面影响。记住,管理层关注的层面不一定是公司各个部门每天实际工作的全景图。当然,不愿看到的结果会出现。领导者和基层员工共同参与决定在公司逆境中哪些东西是需要保留,而哪些可以缩减或砍掉,这样做才能够调动员工积极性,并保证这些政策在当前经济环境下取得更好的效果。作家蒂姆·桑德斯(Tim Sanders)提到,"日程计划中首要的是让员工意识到他们是公司最重要的财富。在逆境中,人们往往会对自己产生怀疑。"[2]

加强沟通

> "约翰,我肯定我不是唯一在公司感觉到的压力和焦虑的人。"卡尔说,"可以理解,大家担心薪资待遇会降低,工作会不保。我觉得管理层应该显示出积极的态度,让每个人都认为公司运转正常,而所有艰难的决定都理应由管理层扛着。员工们不必承担我们面对的风险。我们应该

> 替他们承担责任。"
>
> "我知道你是想保护部门的员工不受影响,但是卡尔,我们一直努力在公司各个方面做到公开和诚信的沟通,现在不应该倒退,而是应该更透明地让员工看到公司面临的挑战和公司的应对策略。"约翰回答道。

在不确定的状况下,透明的沟通机制显得更为重要。然而,对待不确定情况大部分的反应是"置若罔闻",只和员工交流正面的信息而将负面信息隐藏起来。管理层出于保护员工的目的封锁消息,反而会失去员工的信任。员工知道或怀疑管理层将有重大举措,但从领导那里又得不到任何信息,那么各种失实消息和猜测就会随之而起。最终谣言会充斥泛滥。相信公司能够渡过难关的日产(Nissan)公司董事长及CEO卡洛斯·戈恩(Carlos Ghosn)曾经说过:"一个公司处于麻烦中的最显著特征,就是其员工对公司的发展战略以及重点缺乏统一明确的认识。"[3]

戈恩还说道:"如果你希望人们能熬过艰难时期,你就要让他们相信他们是在和你并肩战斗。"[4]现在是时候提升管理层的使命和愿景,去给未来指明一个更加确定的方向了。再次向你的员工保证会有一个战略计划指引公司走出困境。告知员工们之前的挑战已经被成功地应对;和大家分享成功的经验。形成一种激励机制,将每个小的阶段性进展以及不断成功的好消息告知员工并为之庆祝。

抵制指挥与控制方式

> "在这儿我没什么可能做的了,"比尔说。"当我们不确定能走到哪一步时,我们还怎么带领公司渡过危机呢?"
>
> "很高兴你能问这个问题,"随即,约翰在自己的笔记本上敲击了一下,投影屏上出现了如下问题,"什么是我们能确定的?"

> 随后一页出现在投影屏上,在组织任务描述上,引用的是熟悉的话。
> "我们知道我们是谁。"约翰补充道。
> 幻灯片跟着切换到了公司核心价值的内容。
> "同时我们也知道什么最重要。"
> "这些我们都知道,但是不确定这些对我们当前的糟糕处境有什么帮助。"罗布说。
> "我知道你为什么会提到这点。"约翰回到自己的笔记本旁,敲击了一个键,投影屏上陆续出现了四个词:即兴,适应,坚持,克服。
> "这些是关键词,"约翰说,"这些是帮助我们渡过难关的行动要素。"
> "我喜欢这几个词,它们代表了坚定和积极。"奇普说。
> "它们是行动纲领。"保罗(Paul)赞许道。

在艰难时刻容易出现更加直接领导的情况。管理者们会经常"鼻尖对着磨刀石",然后大声发布决策,理由不外乎就是"我说了算"。这种方式似乎让决策效率变得更高,然而员工的工作热情和支持度也随之降低了。当员工们不再有机会为公司发展出谋划策,贡献自己力量时,曾经的自发努力也逐渐消失了。

相反,领导者们要提高可见度,将自己置身于员工当中,倾听员工的想法和建议,尊重员工的选择。戴维·奥克斯伯格(David Oxberg)说过,"大部分人都觉得被倾听和被爱是相似的"。[5]

出生于公元前6世纪的中国古代哲学家老子,曾经对君王说过如下的话:"太上,不知有之;其次,亲而誉之;其次,畏之;其次,侮之。信不足焉,有不信焉。"意思就是说:

> 当人们都很少能察觉到他的存在时,这个君王是做得最好的;
> 当人们服从和称颂他时,就不那么好了;

当人们都开始鄙视他时,这个君王就做得很差了;

如果你不尊重百姓,那么也会失去他们对你得尊重;

一个好的领导者说得很少,当工作完成,他的目标也达到了;

而大家会说,"这是我们一同完成的"。[6]

经验——潜力的陷阱

在约翰椅子边的地板上,放着一个盒子,他从里面拿出一根细长的棍子放在他前面的桌子上。接着,他又在盒子里摸索着,拿出一沓马尼拉纸文件夹,并且分发给围桌而坐的每个人。大家感到很好奇,你看看我,我看看你,想知道约翰葫芦里到底卖的什么药。

"我想大家肯定很奇怪这东西为什么在这儿,"约翰指着桌上的棍子笑着说。"我想看看这个屋子里有多少个造雨人。"

"造雨人?"丽塔一脸迷惑地问道。

约翰笑了,"是的,造雨人。你们都知道,就是那些带来新业务并提升现有业务的高绩效员工。"他敲着桌上的文件夹说,"我请大家都打开你们面前的文件夹看看。"打开马尼拉纸文件夹,在场的每个管理层都发现里面有一个职位描述,还有两份简历,一份标着求职者 A,一份标着求职者 B。

"我不明白这是什么意思,"奇普说,"难道我们是在这儿讨论改组人力资源管理部门吗?"

"我希望每个人都比较一下你文件夹里的两份简历,"约翰答道,"你的第一感觉更倾向于哪位求职者?"

"嗯,初步看来,A 求职者感觉不错,"罗布说,"一流大学毕业,多年工作经验,没有什么缺点。符合应聘的职位要求,看上去是个不错的人选。"

"关于求职者B,我发现了几点,"丽塔补充道,"我从来没有听说过应聘者所读的大学,并且其工作经历也和我们的领域无关,工作上也没有什么出彩的地方。"

"但是我更喜欢求职者B在简历中列出的个人和职业经历,即使这些与我们的领域并不相关,"罗布指出,"抛开其教育和工作经历来看,感觉上这个人的态度,更能在这个职位上做好。他们是真正的应聘者吗?"

"出于保密考虑我更改了人名和职位,"约翰回答道,"但是这两位投简历的人都已经在我们公司工作了。虽然他们现在不在这个房间里,但是都在你们手下做事。"

约翰环视了一下桌边围坐的每个人,继续说:"我想给大家谈谈团队选择,我称之为'对平凡的伟大的筛选。'这种做法多少有点非传统,但是如果合理运用,我发现这对提高新员工的工作满意度效果显著,而且不光对于新员工,所有员工的人员流动率都明显降低。"

"我还真不知道,请讲得更详细些。"比尔靠在椅背上说。

"好的,本质上说就是,作为这些应聘者未来的同事,除了简历以外,我们要看得更加长远,应该去评估应聘者的个性、态度以及是否有适合应聘职位的潜力,"约翰解释道,"我们发现,那些知道成功做好某项工作必要条件的人,都是在关注应聘者是否具备特定的技术组合以及适合应聘职位的特性。并且我们还发现了一个意想不到的好处——当我们要求员工诚实地投入和表述时,我们听到的事实和做雇用决定的考虑因素都告诉他们:'我们相当重视你们。'他们在不断地理解和定义,不只是做了什么,而是怎么样才能做好。"

"那么这种挑战会让他们去关注什么是对的,而不是关注什么是错误的,"丽塔慢慢说道。"同时还告诉大家他们的投入是很重要的,在和一起共事的同事中,他们还真是有发言权的。"

> "完全正确，"约翰点点头，满意地说，"并不是说教育程度和工作阅历不重要。但是我们都知道，一个人的素质并不只由教育程度和阅历两个方面构成。"他拿起那根棍子，向下甩动，顿时房间里响起流水的声音，"谁愿意成为那个造雨人？"

当前，招聘和聘用流程关注的范围都比较狭窄。人力资源部片面地通过简历或者履历表中陈述的工作阅历和教育程度来做判断。作为一个未知变量，潜在态度理所当然地在聘用流程中占着越来越少的比重。如果这些专业人士被培训成公司挑选员工的"造雨人"——把眼光放到更远，除了的曾经的职位，获得的奖励、成就，先前工作中体现出的才干之外，从应聘者的潜力中发掘出平凡的伟大，情况会怎样呢？

塞氏公司（Semco）的CEO里卡多·塞姆勒（Ricardo Semler）曾这样说过：

> "典型的员工招聘就像网上约会。我永远是六英尺四英寸，并且长得像布拉德·皮特（Brad Pitt）；你永远长得像是辛迪·克劳馥（Cindy Crawford）或者安吉丽娜·茱莉（Angelina Jolie）。在雇佣流程中，公司会发布一些欺骗性的消息，比如薪水将会翻番，而隐瞒比如年内将会把所有生产线移到越南（Vietnam）去之类的消息。
>
> 你忘记告诉我们，你容易发怒，你在这儿工作6个月，那儿工作6个月，这些都没有写在简历里。然后我们在一家酒吧相遇并决定结婚。这样的概率会有多大呢？
>
> 在塞氏，我们选择了三位应聘者作进一步面试。他们将会过来几次。到我们决定聘用的时候，我们对这些人了解得很多了。这让我们在18年的产业发展中只有20%的人事变更率。"[7]

帮助公司部门避免陷入"经验—潜力"陷阱的一个办法，是通过团队选择过程来鉴别出适合空缺职位的最合适的人选。重要的是,被选对象中没人会因为没有反馈而被雇佣,为什么?筛选出简历上印有令人印象深刻的教育背景和工作经历的应聘者很简单。但是,在这些因素占有重要地位的同时,也应该考虑其他一些因素。我们发现基层工作人员能在标准简历以外选到更合适的人选。他们会评估性格、态度以及非常重要的"适合度"。对应的结果就是人员流动率的降低、更高的员工满意度和高效的团队合作。

思维转换让公司能够吸引、雇用和留住那些内在潜力与外在技能一样优异的员工。这里有一个例子:

一个年轻人从西北部一流的人文科学院校,位于俄勒冈州波特兰市(Portland,Oregon)的里德大学(Reed College)辍学后,回到了家乡。一段时间后,这个18岁的年轻人去一家本地工厂应聘。人事部负责人走进生产经理的办公室,并且告诉他有一位应聘者需要他来决定去留,这位应聘者是如此坚定地想得到这个工作,以至于在没有和行政管理系统中级别更高的人谈话前拒绝离开。

然后这个年轻人得到了面试机会并随之被雇用。为什么?他的决心、内在活力给经理留下了深刻印象,他教育背景和工作经历的缺乏已不是阻碍。然而,他潜在的伟大的特质得到了认可。

该公司叫阿塔里(Atari),那个辍学的孩子就是史蒂夫·乔布斯(Steve Jobs),苹果公司(Apple)的创始人。[8]

抓 住 机 遇

> 约翰对这次交谈感到满意,他按了一下电脑按键,另一张幻灯片出现在投影屏幕上。
>
> "领导才能是一门艺术,通过它你能让其他人来完成你想完成的事

情，因为他们想做。"

—— 德怀特·艾森豪威尔（Dwight Eisenhower）

"那么我们又回到了如何激励我们的员工这点上了？"比尔问。

"我认为要激励我们的员工，要给他们发表意见的机会，而且要从根本上提醒他们，他们需要支持和尊重为整个公司的发展所做出的决定。"约翰环视了一周，"好的领导者会保留他的员工。你知道吗？因为你们是伟大的领导者！"

无论是员工、产品、服务或者是金融，都有无数的机会以提供竞争优势或让公司在未来的发展中取得成功。一个显著的例子就是两个电子零售商电路城公司（Circuit City）和百思买（Best Buy）在运营模式上的鲜明对比。2007年，在濒临耗费巨大精力准备改变用户体验以及复苏销售的关键时刻，电路城公司裁掉了3,400个与销售相关的顶薪职位。不用说，缺少了这些核心员工的知识和经验，公司转型以失败告终。一年内电路城公司的销售业绩持续下降，其股价下跌超过75%。而与此同时，电路城公司的竞争对手百思买利用市场机遇，增加了特别培训过的员工，获得了52%的利润增长。到2009年年初，在电路城公司无法找到买家收购后，它宣布将关闭所有的卖场；2009年3月，公司完全倒闭。虽然电路城公司的破产显然还存在其他的显著因素，但是大幅度裁员尤其是对高级员工的裁减，确实也消除了这些员工协助制定和执行挽救公司策略的潜在可能性。[9]

提升你对平凡的伟大的关注度

"这可能看上去有点奇怪，但我认为现在有机会做进一步的员工培训、发展和资源准备，以面对新现实。"丽塔说，"实际上，如果我们足够明智，我们应该计划一个人才管理行动，从而处于领先地位。"

> "你的意思是？"卡尔问。
>
> "我们把员工作为最重要资源理念的证明。让我们用新的知识和技术武装他们，好让他们能够处于经济环境的最前沿。"
>
> "我就希望你们能有这样的领导思维，"约翰说，"让我们来回顾一下去年的人才管理高层会议记录，并且重新定位我们的一些员工，以便让他们更好地适应调整后的组织结构。"

丰田公司（Toyota）在利用机遇方面是出色的，尤其是在人才利用方面。丰田汽车公司和其他汽车工业的竞争对手一样处于低迷之中。但是与其他竞争者不同的是，丰田许诺即使是在面临装配生产线明显萎缩的情况下，也会保留所有全职员工。丰田对这些装配线工人提供了培训课程，进一步增强了质量控制及生产方面的知识和技能。丰田汽车公司美国销售部门总裁吉姆·伦茨（Jim Lentz）曾说过，公司相信保留员工资源并且花时间提高他们的工作能力，在长远看来是公司的最好举措。"对我们来说，裁掉员工90天然后又重新雇用和培训新人，并且期望生产平稳提速，那简直是疯了。"伦茨说。丰田相信它的员工并且积极地寻找和发现其员工平凡的伟大；反过来，员工们则充满动力，并且致力于帮助公司达到目标。就像一位员工说的，"让每个人心怀感激的一个主要原因是，公司替我们考虑并让我们能留在这里。"[10]

召 集 后 援

> "我想提些建议。"约翰平静地说。
>
> 所有人都坐直了。
>
> "我想召开一个家庭会议。"
>
> "一个什么？"奇普问。

"如果我们要求员工对待客户就像对待自己的家人一样,为什么我们不能用同样的方式对待自己人呢?"

"有意思,请继续说。"奇普说。

"在当前这种情况下,我觉得工作不能按平时的方式那样进行了。我不认为员工需要那种由很多刚性规范和强制流程构成的严格工作方式。如果我们真正重视这显而易见而又被忽略的事实会怎样——当前真正的情况是怎样的,如果情况不立刻发生转变,结果又会如何?"约翰停下来,让大家理解他的意思。

"那不是只会增加每个员工的压力吗?"丽塔问。

"试想一下,当你没有足够的信息来做出一个决定时,想要客观地尝试或者评估一件事情是多么有压力的事,"约翰指出,"尽管透明度是我们的一个核心价值,我也并不是说完全要我们自己彻底转变!但是,如果我们给员工们提供足够的信息让他们能够评估情况甚至提供可能的解决方案,那不是更好吗?"

"那可能有效。"比尔说。

"我知道能有人真正倾听并且重视我的投入是多么的重要,"丽塔说,"当他们采纳我的建议时……"

"就构成了一个更强的团队。"

"我们成立团队来应付某些特定的问题如何?"

"那我们如何避免失控呢?"

"我没有在幻灯片里看到'控制'这个词。"

"这风险较大,如果事与愿违怎么办?"

"那我们重新评估并且尝试其他的方式。"

Electroglas 公司 CEO 汤姆·罗尔斯(Tom Rohrs)说过,"渡过危机最好的办法,是有坚定的信念相信情况会好转。"[11] 竞争时代会产生最好的或者最糟糕的领导者。要做得最好,必须增强对未来的前瞻性,加强沟通并且在做出艰难抉择时听取他人的意见。是时候用新的视角审视你的事业了。做出能让你事业持续发展的关键决策。面对现有流程无法再获取价值的残酷现实吧。制定新的能够创造竞争优势的工作方法、产品或服务。倾听顾客的意见——他们会为你指明方向。倾听员工的声音——他们会帮助你实现。组织应该提倡平凡的伟大。那会使得你的部门与众不同并且带给你充满机遇的未来。

约翰·肯尼思·加尔布雷斯(John Kenneth Galbraith)说过:"所有伟大的领袖都存在一个共同的特点,在他们的时代,都乐于面对他所领导的人们的主要的焦虑。这(而不是别的)正是管理的精髓所在。"[12]

竞争时代会产生最优秀的或者最糟糕的领导者。

- 在竞争时代你如何打好成功的根基?
- 当改变发生时,对于个人你能做什么来提升自己开放的心态?
- 什么是即使困境来临也必须坚持不妥协的基本领导原则?

结 束 语

  在夜以继日地编写这本书稿的同时，我们有机会得到与密友及导师兰斯·塞克雷坦(Lance Secretan)交谈的机会。我们谈论关于对有不同需求和不同优先级的不同世界的看法，那就是21世纪的新框架。这是兰斯在他最近关于领导技能的著作的框架，书名为 One: The Art and Praotice of Conscious leadership[1] 他的新视角理论——"用我们最深层次的人性需求来重新构建关系"，在平凡的伟大方面，为我们的工作提供了显著的对比参考。

  本书中，我们谈论了很多在生活中出现的平凡的伟大，以及观察别人身上表现出的伟大所学到的经验，还有就是未来的机遇和可能性。话题最终转到了我们目前的焦点上：美国第44届总统贝拉克·奥巴马(Barack Obama)就职仪式的电视转播。我们新一任总统体现着这样的理念，当所有障眼物被移除后，可能性会变成现实。他在那天的演讲中，言语中充满了希望和激励。他的话直达我们心里，并且反映出了平凡的伟大的主题：

  在重申国家伟大之处的同时，我们深知伟大从来不是上天赐予的，伟大需要努力赢得。我们的民族一路走来，这旅途之中从未有过捷径或者妥协。这个旅途不适合胆怯之人，或者爱安逸胜过爱工作之人，或者单单追求名利之人。这条路是勇于承担风险者之路，是实干家、创造者之路。这其中有些人名留青史，但是更多的人却在默默无闻地工作着。正是这些人带领我们走过了漫长崎岖的旅途，带领我们走向富强和自由。[2]

在本书的开始,我们描述了这样一个场景:拥挤的地铁站,人们因为繁忙忽略了平凡的伟大。纵观全书,我们提示领导者注意障眼物,发现身边平凡的伟大,在每天的工作中都迸发出火花,而这些火花将会变成照耀和吸引平凡的伟大的智慧之光。但是在读完本书后我们仍旧感到很遗憾,那就是这本书写得还不够全面。这样能让读者更加关注于怎样穿越"旋转门"(turnstile),而不仅仅是去发现那些本来就在身边的平凡的伟大。

在撰写这本书的几个月里,我们关注逐渐下行的经济环境,与公司领导者交谈,并阅读了2009年以来发表的大量关于企业界新期望的文章,我们感觉到时代确实是不同了。过去那种"买所有你需要的,并克制消费欲"的精明消费观念已经在淡化甚至变得有点可笑了。这种令人厌倦的观念似乎正在被一种更加简单、更加集中的生活方式所取代,这种方式需要社会关注感和责任感、志愿精神,和如前国务卿科林·鲍威尔(Colin Powell)所提到的那种"不丢弃一兵一卒"的意识。不能说那不可怕,确实很可怕。一本书阐述着这方面的信息并能带来改变,这可能是有史以来第一次。也许从现在起,我们能听到平凡的伟大的声音。

你在聆听吗?

附录 A

自 我 评 估

要最大化开发我们自身和员工的潜能,花时间反思领导观念和个人成长便尤为重要。纵观全书,我们在每一章的结尾都提出了问题让你审视现在的思维和行动。通过以下的自我评估题目,你能更深入地思考问题。

个人障眼物评估(如问卷 A.1 中所示)是基于第三章和第四章中所提到的问题。这些自我评估题目能让你进一步明白障眼物是如何阻挡你发现平凡的伟大,完成这些题目后,我们建议你再浏览一遍这些章节。如果你需要克服障眼物的个性化分析和应对策略建议,请登录 www.ordinarygreatnessbook.com。

你如何看待世界的评估(问卷 A.2 中所示)是根据你日常生活的反应,显示出你对认识、欣赏、颂扬和激发平凡的伟大的倾向。这个评估是对第九章内容的扩展。你也可登录 www.ordinarygreatnessbook.com 填写网上问卷并获得互补性分析。密码是"greatness"。

记住,你成功的要素都是在你面前的员工身上。开阔眼界去发现平凡的伟大吧,那样能很大程度上提升你和你的组织。

个人障眼物

评估

请选择最能表示你答案的选项

5＝总是;4＝时常;3＝有时候;2＝很少;1＝从不

1. 你对工作环境的印象是来自于亲身体会而并非别人告诉你的？

  5 ❏ 4 ❏ 3 ❏ 2 ❏ 1 ❏

2. 你在处理组织事务时会犹豫不决吗？

  5 ❏ 4 ❏ 3 ❏ 2 ❏ 1 ❏

3. 你知道员工的工作动机是什么吗？

  5 ❏ 4 ❏ 3 ❏ 2 ❏ 1 ❏

4. 你相信员工个人的自发努力直接反映出他们的贡献水平吗？

  5 ❏ 4 ❏ 3 ❏ 2 ❏ 1 ❏

5. 你常去工作场地与员工建立起良好的关系和沟通吗？

  5 ❏ 4 ❏ 3 ❏ 2 ❏ 1 ❏

6. 你对别人的看法会受他人的传言影响吗？

  5 ❏ 4 ❏ 3 ❏ 2 ❏ 1 ❏

7. 你能将员工日常所做的工作与组织的成功联系起来吗？

  5 ❏ 4 ❏ 3 ❏ 2 ❏ 1 ❏

8. 你的日常工作是否按部就班进行，忙于完成任务而没有与人交流？

  5 ❏ 4 ❏ 3 ❏ 2 ❏ 1 ❏

9. 你是否会避免从外貌上判断一个人？

  5 ❏ 4 ❏ 3 ❏ 2 ❏ 1 ❏

10. 你对一个人背景、民族或性别的偏见会导致你对他/她的能力作出某种假设吗？

  5 ❏ 4 ❏ 3 ❏ 2 ❏ 1 ❏

问卷 A.1　个人障眼物评估

请选择最能表示你答案的选项。

5＝总是；4＝时常；3＝有时候；2＝很少；1＝从不

11. 你能很容易地将他人的想法和意见关联起来吗？

  5 ❏ 4 ❏ 3 ❏ 2 ❏ 1 ❏

12. 你是否认定某些人永远都不会有突出表现？

   5 ☐ 4 ☐ 3 ☐ 2 ☐ 1 ☐

13. 同事认为你平易近人吗？

   5 ☐ 4 ☐ 3 ☐ 2 ☐ 1 ☐

14. 让员工做他们不擅长的事会很难吗？

   5 ☐ 4 ☐ 3 ☐ 2 ☐ 1 ☐

15. 即使其他人的观点与你的不同，你也会接纳吗？

   5 ☐ 4 ☐ 3 ☐ 2 ☐ 1 ☐

16. 你会基于先前的经验迅速下结论吗？

   5 ☐ 4 ☐ 3 ☐ 2 ☐ 1 ☐

17. 不管员工现在的业绩表现水平如何，你都会支持每一个人吗？

   5 ☐ 4 ☐ 3 ☐ 2 ☐ 1 ☐

18. 你沉迷于那些限制人与人交流的计划和行程安排吗？

   5 ☐ 4 ☐ 3 ☐ 2 ☐ 1 ☐

19. 你鼓励员工发展和参与学习培训吗？

   5 ☐ 4 ☐ 3 ☐ 2. ☐ 1 ☐

20. 不管证据如何，克服你对一种情形的第一印象很困难吗？

   5 ☐ 4 ☐ 3 ☐ 2 ☐ 1 ☐

进入下一页计算结果

将每道问题的得分填入以下的格子里。将每栏的得分加总，按照提示相加或相减。

个人偏见

1.	+	☐
6.	−	☐
11.	+	☐
16.	−	☐
	=	☐

得分为3分或比3分低意味着，这种特别的障眼物阻碍你全面认识存在于个人生活和职业生涯中的平凡的伟大。你对障眼物的认识处在初级阶段。

事先形成的观念

2. −　☐
3. +　☐
12. −　☐
17. +　☐
　　=　☐

得分为4分或者更高，意味着你识别平凡的伟大的能力并没有受到障眼物显著的影响。你应该时刻提防各种各样的障眼物，并注意它们可能带来的负面影响。

忙碌

5. +　☐
8. −　☐
13. +　☐
18. −　☐
　　=　☐

划分

4. −　☐
7. +　☐
14. −　☐
19. +　☐
　　=　☐

外部焦点

9. +　☐
10. −　☐
15. +　☐
20. −　☐
　　=　☐

我们如何看待世界

评估

你每时每刻都是计划好了的吗？

☐ a. 绝对的，我没有时间应付那些没有计划的事件

☐ b. 大部分时候是，只有很少一部分是未计划的

☐ c. 并不经常是，我有灵活的计划表

☐ d. 完全不是，我有相当宽松的计划

你会向一位陌生人发起交谈吗？

☐ a. 从不会，我害怕遇到陌生人

☐ b. 很少会，我遇到陌生人会紧张

□c. 有时会,如果时机适当,我会主动交谈

□d. 经常这样,我喜欢与别人熟识这一过程

你会尝试新事物吗?

□a. 很少,我喜欢忠于我熟悉的事物

□b. 有时会,有人迫使我尝试新事物时会做

□c. 时常,我可以接受某些冒险

□d. 总是,我热爱尝试新鲜不同的事物

你每年会学习一项新技术或才能吗?

□a. 不会,我依赖于我已有的技能

□b. 或许会,但常常是强行要求的

□c. 有时会,我思维活跃并热衷于学习新的事物

□d. 我有计划地每年学习新技能

问卷 A.2 评估你如何看待世界

你每年至少读六本书吗?

□a. 没有,差得远

□b. 差不多,我每年阅读1-3本书

□c. 差不多,我每年阅读4-6本书

□d. 我每年阅读6本书以上

你周围有与你想法不同的人吗?

□a. 没有,我喜欢与和我看法一致的人交往

□b. 不常有,只是在情况要求的情况下

□c. 偶尔会,但是并不容易找到,并且总有原因

□d. 是的,我喜欢听到不同的方法和想法

你最好的朋友是你的翻版吗?

□a. 是的,我们有相同的背景、经历和爱好

☐ b. 大部分是，有少部分不是

☐ c. 一半一半，有的是与我有相似背景和爱好的，有的与我不同

☐ d. 不是，我喜欢和与我不同的人来往

你是冒险者吗？

☐ a. 绝对不是，我一向接受安全的建议

☐ b. 仅在情势或他人让我迫不得已，需要冒险时才会

☐ c. 有时是，但是需要在仔细权衡风险和确定对我有利的情况下

☐ d. 是的，我喜欢那种"勇往直前"的兴奋和感觉

你会在每次经历后总结教训吗？

☐ a. 我承认我不那样反省

☐ b. 是的，如果教训是深刻并明显的

☐ c. 有时会，我会停下来考虑那次经历教会了我什么

☐ d. 我总会反思每次经历教会了我什么

你会将激情放在生活首位吗？

☐ a. 除了家庭，我并不太确定我到底对什么有热情

☐ b. 我很难有时间和精力去投入热情

☐ c. 我会投入一定的时间在我热衷的事上，但是并不够

☐ d. 我会确保让自己富有激情

按指示计算得分

♯ 回答 a ☐ ×1= ☐

♯ 回答 b ☐ ×2= ☐

♯ 回答 c ☐ ×3= ☐

♯ 回答 d ☐ ×4= ☐

总分= ☐

得分 0-10：你的思维和行动表明，你被障眼物阻碍着，使得你不能看到每天出现在面前的伟大，也没有看到自身和他人伟大的潜能。

得分 11-20：你有一些开明的想法和有见识的行为，但只看到了一部分身边出现的平凡的伟大。

得分 21-30：你有在英雄事迹和他人每天的表现中发现伟大的倾向。

得分 31-40：你不但善于观察、欣赏和发现平凡的伟大，还很享受发现和赞扬他们的过程。

附录 B

问题和答案

下面是我们搜集的有关本书中观点和概念的一些问题。

让老板加入进来

问：我对平凡的伟大的概念深信不疑，但是老板还不是很了解，他认为提高可见度，发现并与平凡的伟大沟通是没有意义的。我该怎么办呢？

答：非常感谢你的提问。这个问题我们听到过多次了，我们总会慎重地回答这个问题，并多次进行了强调。不幸的是，尽管一些领导者阅读了本书，也获得了知识，但还是不能领会。

以下是我们的建议：

- 首先，要记住人是会改变的。没有人生来就具有这样的领导能力。我们的顾问和行为榜样给我们示范了怎样改变自我。你的领导需要保持积极的心态。控制你的情绪。不要有挫折感和不满的情绪。
- 接下来，扪心自问你是否在尽全力做事，并在没有老板提出的时候，自主地寻找和发现平凡的伟大。有些人看到老板不买账时，非常沮丧，会说："老板那样做的话，我才那样做。老板提高了可见度的话，我才那样做。当老板认可我所做的杰出工作，我才会认可员工。"这可是最坏的办法，那样我们就有两位不执行的领导者了，对员工的负面影响也将加倍。你在职责范围内对提升平凡的伟大做过什么吗？如果老板加入了进来，你会有何不同表现？记住，你要对你的结果负责。你是可见的吗？你是认可他人的吗？你看见员工平凡的伟大了吗？或许不需要领导要求你做，你可以自主积极起来，消除障眼物和与员工进行抱负交谈。这有些困难，但是你要有自主权。嘿，如此简单，那么每个人都能做，对吧？但是越是困难的地方就越能学到东西。我们常常告诉客户要否定直觉。你最不想和谁说话？或许你今天应该和他谈谈。什么任务是你不想做的？或许你该最先做的就是这个任务。这有些困难，但是你要有自主权。

吉姆·柯林斯（Jim Collins）总结道：

> 你认为生活中最终的结果都是外部决定的吗？比如，我来自某个家庭，我得到了这份工作？还是你认为生活最终会如何是掌握在你手中的，不管发生什么，你最终决定着结果？
>
> 想想航空业，并思考1972年以来影响航空业的管理手段以外的所有事件和因素：燃料紧缺、利率突增、解除管制、战争和9·11事件。然而，1972年到2002年这30年所有公司中收益排第一位的是一家航空公司。根据《钱》（Money）杂志2002年回顾，西南航空（Southwest Airlines）打败了英特尔（Intel）、沃尔玛（Walmart）和GE公司！西南航空的员工如果这样说会怎样呢："嘿，因为环境不好，我们成不了大事？"你会说："是的，航空业很糟。行业内的每个人都注定会亏损。"但是西南航空公司的员工会说："我们能决定我们的结果。"[1]

- 请记住领导你的老板是可行的。告诉老板如何发现平凡的伟大或许是你该做的。当父母的人都知道孩子教会我们很多。你会教老板什么呢？以下是你教老板如何发现平凡的伟大的一些实用方法。
  - 邀请老板与你一道参观工作场所，让员工一路参与进来。
  - 每周五在你离开办公室之前，发电子邮件或语音邮件给老板,告诉他这一周你的员工所做的伟大的事情,并建议老板在某一个时间去感谢这些员工。
- 如果你马上会与你的老板开会,告诉你的员工,并问问他们是否有信息需要传递给老板。
- 注意,不要让员工与老板划清界限。避免在员工面前提到老板的不是。这或许看来你是在与员工拉近关系,但是你只是在削弱你自己的领导力。

- 最后,如果你的老板还未改变,形势很难维持,你就只有换新领导了。生命短暂,我们能够改变事物的机会很少,因此我们不能在那些与我们的世界观和价值观不相符的人身上浪费时间。你或许能在其他地方更为成功,很多领导者都跨不出那一步。

激励员工充分发挥

问:我深知强制努力和自发努力的道理,我的部门便面临这样的情况。我有一支由高绩效员工组成的核心队伍,他们付出的比要求的多,但我也有一支由低效员工组成的小团队,他们只尽最小的努力做事,并且我的激励办法都对他们无效。请求帮助!

答:你的提问充分说明了现实,尽管顾问和作者讲述道理很容易,但现实生活中实行平凡的伟大原则确实是另外一回事。以下是一些实际操作策略建议,或许能帮到你。

首先,记住要高瞻远瞩。低效的员工看似花费了大部分时间和精力,但他们不是所有员工。

我们的目标是要保证大部分时间花在高绩效员工上。他们是顾客最喜爱的,他们有最多的职业选择(因此更易跳槽),他们能为你减轻负担。认可他们、持续指导他们,并赋予他们更多的责任。有趣的是,经理们常能看到高绩效员工。即便是在缺乏或没有评估工具的工作环境下,经理们似乎都清楚谁是高绩效员工以及谁是落后者。他们就这样做的。

那就是说，你也必须改进你的低绩效表现。在对塔特原则（Tator Principles）的讨论中我们发现，具有消极态度的低效员工会被孤立，但是必须在一定的时间设法解决态度问题。我们常常想回避这些困难的事情，或者我们会宽慰自己说情况总会改善，因为"我最近没听到什么不好的事情发生"。错！在这种情况下，没有消息就不是好消息。记住，你总是部门最后一个得知消息的人，因为大家都不愿意告诉老板其他人的表现是如何的。他们宁愿明哲保身。作为历史学学生，我（布赖恩）看到这样的情况同样发生在历史人物身上。例如，美国革命时期，很多英国政客认为叛乱只是阶段性的，直到战争打下了山头。领导者常是无能的。不要忽略主动出击的意义。

对低效员工处理不当会严重影响你的职业生涯。不愿指教或处理落后者的领导者会让自己陷入以下的危险处境：

- 同事会注意到你不处罚低效员工，这会引起大家的看法。如果对于低效员工不指导或处理，同事会注意到，并且他们不再会尊重你。我们都清楚哪些领导要指导员工，哪些不会。你如何能被大家记住呢？

- 高绩效员工能注意到领导者是否在指导员工并对员工负责，高绩效员工会很快对那些对低效员工不负责的领导者失去信心。部门与部门间的高绩效员工会相互交流，他们会告诉别人自己的老板是怎样的。你希望被认为是公司最优秀和最智慧的员工的职业归属吗？

- 你将宝贵的时间和精力浪费在试图改变那些不愿改变自己的人身上，你的生活质量也随之降低。

- 你感到沮丧并向着高绩效员工发泄情绪。我们常在家里看到这类情况。结束了一天的劳累工作，我们会将情绪发泄到家人身上。他们是无辜的，但却在错误的时间待在了错误的地方。这样的情况真叫人遗憾，但我们在工作中也时常会这样。如果员工不得不相互询问："他/她今天心情如何？"那么就需要有所改变了。

现在你已经知道了激励低效员工的必要性,我们该怎么做呢？伟大的起点就是要有明确的目标和结果计划。列出核心成果,并让每位员工建议出实现目标的行动步骤。例如,如果目标之一是接听90％的来电而不转入语音信箱,那么行动步骤之一就是要同意员工放下手头正在进行的事务以便接电话。关键是要让员工参与到你的提高计划中,而不是仅仅是为他们做。这个阶段的普遍问题是接替员工并为他们做所有的一切。这样,经理就承担所有的责任,低效员工再一次摆脱困境。各人的责任应由自己承担。

将事项列出后,至少每月开会检查一下成效和进步。但是不要等到月会才进行检查。如果需要处理,现在就做！永远不要让员工猜测自己是否和你站在一边。猜忌是我们的敌人；透明度是朋友。我们的目标就是让业绩考评日成为一年中最枯燥最无趣的一天,因为,我们其实每天都在评估我们的业绩。

当你给员工清晰、诚信的反馈（不仅是低效员工,这虽是问题与答案的标题）,记住保持积极乐观的态度。你能掌控你的情绪。控制自己。

这时,结果和成效都掌握在低效员工手中。你可以要求这些员工离职,但是这常常大可不必。在多数情况下,指导、清晰和责任能让低效员工自动离职,这便让人感到欣慰。

底线:采取行动。

如果无所畏惧你会做什么？

如果知道自己不会失败你会做什么？

这两个问题的答案或许包含着你下一步的行动计划。

找出低绩效的根源

问:作为一个经验丰富的领导者,我深知发现平凡的伟大的重要性。但我发现,在我的部门发现个人和团队的"伟大"是越来越困难的一件事。大多数的员工表现平平,他们只完成交办的事项,并没有拓展自己的才能以做到最好。我不想通过发现那些不是最佳表现的员工或团队，来助长这种平庸的业绩表现。还有其他的参与战略推荐吗？

答：解决这个问题有两个重要概念。首先，弄清楚为什么业绩水平低于标准非常重要。如果成功完成这项工作的特定技能要求到位的话，你需要自问几个问题。在传递业绩预期时够清晰吗？你的每位员工都将工作与部门成功的战略相联系了吗？如果问题的答案有一个或都不是肯定的，那就是为什么员工花了时间工作，但并没把激情和精力放在工作上的原因了。他们不清楚哪些项目需要重点投入，或者说他们不清楚他们的工作如何能带来改变，这都导致了员工参与度不高和低业绩的表现。

然而，如果你发现业绩期望是清晰的，并且员工能将他们的日常工作与业务成果相联系的话，你就需要深入分析了。这是沟通的问题吗？你鼓励他人有出类拔萃的表现吗？你消除了那些阻碍员工发挥最佳表现的障眼物了吗？

第二个概念对你的观察力发出挑战，你的部门并不存在平凡的伟大。精神病专家R. D. 兰（R. D. Lang）的智慧箴言："我们未能注意到的限制着我们思考和行动的范围。因为我们不知道我们未注意到的事项，我们就很难改变现状，直到意识到我们未注意到的是如何改变着自己的思维和行为。"[2] 你是不是被蒙住了双眼，这让你发现不了真正投入并做着卓越工作的人呢？你的理念催生了平庸的思想吗？换句话说，你是否期望的是平庸的业绩表现，并确保看到的是平庸的业绩？如果你处处期望看到伟大，你的观念会转变吗？毫无疑问，你的沟通、鼓励和启发也会变得不同。

最后，我会鼓励你不要放弃认可平凡的伟大这一战略。当然我也不建议你认可不值得认可的人，这是巩固你所期待的行为的一种方式。改变你对伟大的理解，它不局限于那些巨大而公开的成功，你就不会忽略个人和团队每天一直创造的平凡贡献。

重新发现你的激情

问：如果感到自己失去了激情，我该怎么做呢？作为一名人力资源管理人员，在这家全球500强企业开始工作时，我每天上班都兴奋不起来，我为自己能服务和帮助这么多员工由衷地感到高兴。然而现在，三年过后，我觉得这些都是遥远的记忆了。我每天的工作全是枯燥的政策和流程回顾，无止境的会议，还有一位讨厌的老板。这样的状况让我不得不想要离开。求助！

答：感谢你的提问。我希望你的问题是我们收到的唯一一个"我失去了激情"的问题，但是不幸的是，你的问题并非唯一。

失去激情的感受能消磨我们的斗志、触到我们的底线，并延缓我们从经济困境中恢复的进程。美国商业中最大的浪费不是办公用品、建筑或工资。最大的浪费每天都在产生，员工下班后感到他们本来能够贡献更多，更有激情或更投入时，浪费便产生了。是什么阻碍着我们贡献得更多呢？我们也许曾经自发努力，但没有人注意到或关心过。也许我们对客户的服务更进一步，但是我们的周到服务被报以粗俗无礼。不管怎样，重拾激情相当重要！

首先，开始与富有激情的人来往和交流。你的良师益友和同事是哪类人？他们是富有激情、积极、有责任心的人，还是总是怨声载道、总看到消极面并抱怨工资和上级领导的人呢？确保你的朋友和同事知道"一个负面事件需要五个正面事件才能弥补"的原则。如同你认真筛选孩子的朋友一样，筛选你自己的职业朋友。有些人消磨精力和激情，我们大可不必为他们浪费时间。亲切并优雅地拒绝他们，你会因此感到高兴。找到你认识的最有激情的人并多花时间与他们交流。找到迈克·罗所说的总是带着激情的人。

在每次相互的合作中，更进一步。如果你不能感受到激情该怎么办呢？

一位老板曾经告诉我:"在你做到之前就伪装吧。客户不会在意——他们会很乐意享受服务的。"顺便问问,你知道"更进一步"这一说法是出自哪里吗?传说古罗马人扩张领土时,他们有时会要求每个被降服者必须带着一个罗马军人的装备行走一英里。这是法律要求。但是超出那个界定,再多走一英里并不是法律规定,那是出于爱的力量。

在我(布赖恩)的职业生涯早期,我在一家医院做人力资源管理(HR),医院要求员工如果看到有人在过道上迷路了,我们先自我介绍并将他们带到目的地。一天,我像往常一样穿过医院赶一场会议,看到一位男士明显迷路了。你知道他们迷茫地望着天花板时,那就说明他们迷路了。他手提一个维尼熊礼品袋,露出彩色的纸巾——显然是送给新生婴儿或新妈妈的礼物。看到这位男士,我知道他要去哪里,我也知道如果我按照员工要求将他带到母婴部的话会发生什么。这方向和我要去开会的方向不同,我很可能迟到。我该怎么做呢?

出于害怕其他人看到我没有按照员工要求做,我走到他一旁,自我介绍后,将他带到了目的地。他告诉我:"谢谢。我名叫帕特(Pat),我刚从圣迭戈(San Diego)坐飞机过来。我是来迎接大孙子的诞生!"

谈到重拾你的激情,我差点错过了在医院工作最棒之处,与人分享喜悦。帕特并不在意我为什么会帮他,他只是很高兴接受帮助,并且我几天都沉浸在他的喜悦中。忘记会议吧,我能改变世界。

为重拾激情,你问问自己,我今天能与谁改变世界?谁需要我?

这样,没有哪位行为榜样比霍默·辛普森(Homer Simpson)更伟大,他在电视剧《辛普森一家》(The Simpsons)第六季的"第三个孩子玛吉(Maggie)"一集中找到答案。这一集中,霍默告诉巴特(Bart)和莉萨(Lisa)他们的小妹妹玛吉的故事。

霍默说他本来对于自己的下一个孩子并不感到兴奋,也完全不热衷于即将来临的新生命。霍默在一家保龄球场从事他梦想的工作,但由于家庭成员的扩充,他不得不向原来的老板伯恩斯(Burns)求情,重返原来的工作。

由于他（确实）断了自己的后路，故要回工作并非易事。当然，伯恩斯先生最终满足了他的要求，并在霍默的桌上放上一块大牌子，上面写着："不要忘记，你永远都在这里。"自然地，当他第一次看到玛吉时，霍默又找回了"父亲情节"。霍默回答了巴特和莉萨的问题："我们为什么不照点玛吉宝宝的照片呢？"霍默告诉他们，他将玛吉的照片放在最需要的地方。他在办公室牌匾周围的墙上放满了玛吉的照片，牌子上写着："一切都为她。"[3]

你对谁有激情？你所有的付出是为了谁？找到你的激情并让它跟随着你。

制订人才管理战略计划

问：作为一家电信公司的新任首席运营官（COO），我认为我们的人才管理战略不能带领我们取得伟大技术和知识的成功。最近公司的人力资源部门从选拔高潜质领导者到全体职工的拓展培训课程，全权负责这项计划并进行实施。但在我上一个公司，人才管理战略更多的是针对领导层。哪种方式是正确的呢？

答：感谢你的提问。从你的问题中很明显看出你知道一个扎实的人才管理战略的重要性。我建议你将它放在需要回顾的事项的首位。人才管理或我们称的平凡的伟大的"天才培养"，对你的公司能否做好迎接未来挑战的准备事关重大。

你对于人才管理战略由谁负责的考虑，我认为管理者都应该想想。我们在制定和实行人才管理战略时犯的一个普遍错误就是，认为它仅仅是人力资源管理部门的职责。涉及考核、发展和保留员工的时候，我们常听到经理说："那是人力资源部的事情。"并且通常人力资源部也都认同。不要误解，人力资源部门在确保人才管理方案成功和带领程序实施方面起着重要作用。然而，没有组织管理层的协作，人才管理方案就难以稳健实施。

麦肯锡公司（McKinsey & Company）最近的一项调查称，大多数（60%）

的管理者认为 HR 是一个行政部门并不是战略合作伙伴。这项调查进一步指出接受调查的管理者中，58%的人认为 HR 缺乏发展人才管理战略以及将其与组织的商业目标相协同的能力。[4]

提升组织人才管理项目的重要一步是在 HR 与组织领导者和管理者之间建立合作关系。对有关组织未来人才需求、发展和保留员工的程序方法，以及 HR 和管理者的角色和职责定位的一系列公开讨论，将有助于形成一种更能支持这项重要战略的协作。我们看到的最佳的运行方式，是将 HR 代表、高层领导者及部门经理持续地组合成一支长期的顾问团。基于招聘、维护、发展和其他高潜质项目等功能范围的顾问团，利用多元化团队理念并为成功实施这类项目创建了相应的支持。顾问团的成员成为了你的最佳拥护者，这同时表示建立了协作关系并听到了所有的观点。

最后，重要的是，你管理人才的方式要与组织的战略优先项密切相连。这种协同能确保你的人才方案与其他商业战略相一致，并相互支持补充。你现在的人才库不仅能在短期内填补空缺，你还必须有超前思维，并确定未来所需的技能和知识。

激励高绩效员工

问：我担心高绩效员工会变得烦闷。我该怎样让他们投入工作，以保持高业绩，留在公司效力，甚至在我退休时超过我呢？

答：恭喜你看到了员工平凡的伟大。你这样的领导者能真正鼓励大家每天做出伟大的事情。

给你最好的建议是有目的地寻找高业绩员工的发展机会。这不会偶然发生。如果你只是等待，那机会永远不会来。确保你与他们进行的抱负谈话能制订出帮助他们成长的实际行动计划。以下是一些例子：

- 外部指导或发展计划可行吗？
- 你能提供接近老板或董事会的更好途径吗？如果他们中的一个会

成为你的接替人，为公司和顾客的利益着想，或许你应开始熟悉业务和领导层为好。

- 员工能指导他人，还是有办法让他们分享出自己的知识和经验？给予员工指教和发展他人的机会，或许能让他们保持投入和忠于职守。
- 有什么"延伸任务"？不要出于保护员工，而让他们不接触更大、更重要的项目。实际上，去除那些大家都能做的小任务，让高绩效员工与你一道完成更大的任务。我们常听到这样的说法："如果你想完成某件事，把它交给团队里最忙的那个人。"正确。有些人有更强的工作能力并能超额完成。同时也要注意放松，并随时关注工作负荷及工作、生活间的平衡。我们的目标是让员工在工作中感到愉快和充满力量，并非让他们的生活变得难以操控。
- 你会将员工"贷"给重要的供货商或客户吗？他们在其他行业和商业领域获得的新观念是最好的投资。
- 为这些员工寻找带领社区活动的机会。不管是带队修建一栋仁爱之家（Habitat for Humanity），为流浪者收集衣服，还是协助美国慈善总会（United Way）发起募捐，让你的社区分享这位员工的优秀才能吧。

为平凡的伟大抽出时间

问：求助！我没有时间去发现员工平凡的伟大。我都忙疯了。我的一天被无止境的会议和事务占满了。

答：请不要感到内疚或困惑。很多领导者都面临这样的困境，在大幅裁员和"最少的人干最多的事"的时期，这种情况就更为严峻了。

虽然没有简单的答案，但以下一些实际的建议或许能帮助你多留一点时间发现平凡的伟大：

- 审核你发送的每一封电子邮件，参加的每一次会议，以及参与的每一个团队，并诚实地问自己几个问题。这些活动能增加我、员工或客户任何价值吗？如果不能，那这些活动或许就没有必要。废弃掉。

- 不要参与那些员工也参加了的会议。我们并不是指那些你召集和主持的员工大会，指的是一些你被迫参加的常规的部门间的公司会议。如果你和员工都参加了，你们其中的一位或许就是多余的。记住，房间里最高级别的人总是会议结束后的负责人，因此你的员工会认为出席是一种"保护"。改变做法，告诉员工让他们去参加会议，你就去做只有你能做的事情（提高可见度、认可其他员工、消除障碍、发现平凡的伟大）。然后对员工说："感谢你参加会议。你下班前可以传给我一份会议纪要吗，请简要列出会议内容、任务和传递的信息。"这位员工会感到更加有责任感并更专注于工作。

- 如果员工找到你并说："老板，出了点问题，"你不要马上处理这件事，先听听事件的经过并要求他们简要介绍事情情况，并附上他们解决这个问题的两三个想法，并询问需要怎样的帮助。这样会大大节省你的时间，保持员工的责任感，并增强员工的主人翁感。你就可以发现并感谢他们在解决问题时表现出的平凡的伟大。

- 保持一定的距离。本书鼓励领导者提高可见度，但是不要误解成无限制地接近。如果你与员工太过接近，他们就不能最好地发展自我，因为你总是在他们身边帮助他们解决问题。当我（布赖恩）的孩子不再使用有盖杯子，而从普通的杯子中倒果汁喝时，我的妻子教会了我这个道理。我不想收拾这些洒出的果汁，因此我总会让他们用有盖的杯子倒水喝。妻子提醒了我，孩子们在慢慢学习，开始或许是一团糟，但是正确处理正是父母教育、引导孩子应该付出的。

对于领导者来说，不幸的是，新的电子工具和装置让接近更具吸引力。彼得·佩斯（Peter Pace）将军这样对他的下属说：

现在的一些东西（手机和电子邮件）并不利于领导者的成长。在使用手机以前，如果老板不在，下一级领导就必须做决定。不管是对是错，你都必须承担这份责任。你也因此从中学习和成长。现在要获得建议是非常容易的。高级领导者开始说："看，如果没有死伤，不要给我打电话。"[5]

即使如你说的"忙疯了"，也不要失去希望。请保持积极乐观的心态，并避免成为从约舒亚·贝尔旁匆匆走过的那些人。将发现平凡的伟大作为第一位和最主要的目标，并拥有伟大的梦想吧！

注 释

第 一 章

1. Gene Wengarten,"Perls Before Breakfast," *The Washington Post*, April 8, 2007, p. W10, www. washingtonpost. com/wp-dyn/content/article/2007/04/04/AR2007040401721. html.
2. Richard Corliss,"I Dream for a Living," Time Magazine, July 15, 1985. www. time. com/time/magazine/article/0,9171,959634,00. html.
3. Sir Winston Churchill, 引自 Ben Morehead's Web site, www. benmorehead. com/churchill. html。
4. Sue Anne Pressly Montes,"In a Moment of Horror, Rousing Acts of Courage," *The Washington Post*, January 13, 2007, p. B01, www. washingtonpost. com/wp-dyn/content/article/2007/01/12/AR2007011202052. html.
5. Jay Dennis,"Ordinary Heroes Abound, Expansive Study of U. S Rescues Shows," *Inside Illinois* 27, no. 16 (March 20, 2008), http://news. illinois. edu/ii/08/0320/index. html.
6. David Hyman, Professor of Law, University of Illinois,"Rescue without Law: An Empirical Perspective on the Duty to Rescue," Texas Law Review 84 (2005): 653-738, www. utexas. edu/law/journals/tlr/abstracts/84/84hyman. pdf
7. Bob Blair, interview by Charles Gibson,"Persons of the Year," *World News with Charles Gibson*, ABC News, December 26 and June 20, 2008, http://abcnews. go. com//WN/personofweek/story? id=6403273&page=1.
8. Ron Clark, interview by Oprah Winfrey,"Phenomenal Man: Mr. Clark's Opus," *O Magazine*, January 2001, www. oprah. com/article/omagazine/rys _ omag _ 20011 _ phenom.

9. Walt Whitman, "A Song for Occupations," Leaves of Grass(Boston: James R. Osgood), 1881.

第 二 章

1. Wengarten, "Perls."
2. 所有访问均在保密情况下进行,受访者的姓名已经双方达成一致,由帕梅拉·比尔和布雷·布赖恩·琼斯于2008年6月至12月采访完成。
3. William Shakespeare, Twelfth Night; or What You Will, Act II, Scene V.
4. Dave McConnell biography, 摘自网页"PerfumeProjects.com", www.perfumeprojects.com/museum/marketers/Avon.php。
5. Pat MacAdam, *Gold Medal Misfits*(Manor House 2008).
6. David Carr, "At Sundance, 'Slumdog' Casts a Long Shadow," *The NewYork Times*, January 16,2009, http://movies.nytimes.com.

第 三 章

1. Wengarten, "Perls."
2. R. Buckminster Fuller, "Every Child Is Born a Genius," *Children's Literature Journal* 9 (1981):3-6.
3. Tim Swanson, "Triumph of the Will," *Premiere*, December 2006.12, http://archive.premiere.com/features/4206/triumph-of-the-will.html.
4. Cal Fussman, "What I've Learned: Christopher Reeve," *Esquire*, December 31,2003, www.esquire.com/features/what-ive-learned/ESQ0104-JAN_SUPERHEROES_1.
5. *Good Will Hunting*, DVD, directed by Gus Van Sant (New York: Miramax 1998).
6. Steven B. Sample, *The Contrarian's Guide to Leadership*(Jossey-bass 2003).
7. Matthew 13:57, King James Version.
8. Blaine Smith, http://nehemiahministries.com/reshape.htm.
9. Joseph Lutz and Harry Ingham, "Johari Window," *Proceedings of the Western Training Laboratory in Group Development* (Los Angeles:UCLA,1955).
10. Brendan Vaughan, "The Indefatigable Man," *Esquire*, March 2005, www.esquire.com/features/ESQ0305BETTER_116_2? click=main_sr.
11. Dan Lovallo, Patrick Viguerie, Robert Uhlaner, and John Horn, "Deals Without Delusions," *Harvard Business Review* 85(12):92-99.
12. Terrell Owens, NBC sports 的采访,January 23,2007, http://nbcsports.msnbc.com/id/16763968/.

13. Holly Brubach, "Steelers Owner Dan Rooney Turns His Business into a Family," *The New York Times*, January 27, 2009, p. B12.
14. Expedia. com 调查, "International Vacation Deprivation Survey," 2008, http://media. expedia. com/media/content/expus/graphics/promos/vacations/expedia_international_vacation_deprivation_survey_2008. pdf.
15. Hunter S. Thompson, www. dementia. org/~strong/quotes/q_T. html.
16. William James, www. quotationspage. com/quote/23543. html.

第 四 章

1. Wengarten, "Perls."
2. Malcolm Gladwell, Blink: The Power of Thinking Without Thinking(New York: Little, Brown, and Co. 2005)
3. Bruce Morton, "Kennedy-Nixon Debate Changed Politics for Good," Web Post, CNN Politics, September 26, 2005, www. cnn. com/2005/POLITICS/09/26/kennedy. nixon/index. html.

第 五 章

1. Wengarten, "Perls."
2. Patrick Lencioni, *The Five Dysfunctions of a Team* (San Francisco: Jossey-Bass 2002).
3. George Lebovitz and Victor Rosansky, *The Power of Alignment: How Great Companies Stay Centered and Accomplish Extraordinary Things* (John Wiley & Sons, Inc. 1997).
4. Johann Sebastian Bach, "Chaconne," *Partita No. 2 in D Minor*, 1720.
5. George Lebovitz, Op. Cit., note 3.
6. "Employees Unaware of Company Strategies," *Industry Week*, February 13, 2006, www. industryweek. com/articles/employees_unaware_of_company_strategies_11436. aspx.
7. Florence May Chadwick biography, www. answers. com/topic/florence-chadwick.
8. Jan Carlson, *Moments of Truth* (Collins Business 1989).
9. Jim Collins, *Good To Great: Why Some Companies Make the Leap and Others Don't* (New York: HarperCollins 2001).
10. David Ogilvy, *Ogilvy on Advertising* (Vintage Books USA 1985).
11. Marshall Goldsmith, "It's Not About the Coach," *Fast Company* 87 (October 2004), p. 120.
12. Anna Muoio, "The Truth Is The Truth Hurts," *Fast Company* 14 (March 1998), p. 4.

第 六 章

1. Wengarten, "Perls."
2. Rob Goffee and Gareth Jones, "Why Should Anyone Be Led By You?," *Harvard Business Review*, (September-October 2000).
3. Max DePree, *Leadership Is an Art* (New York: Dell 1990, reprint 2004).
4. Shawn McGrew (Service Excellence Coordinator, Freeman Health System), 由 Brain Jones 采访, October 2008。
5. V. Clayton Sherman and Stephanie G. Sherman, *Gold Standard Management: The Key to High-Performance Hospitals* (Chicago: Health Administration Press 2008).
6. Jack and Suzie Welch, "Emotional Mismanagement," *Business Week* (July 18, 2008), www.welchway.com/Principles/Candor-(1)/Emotional-Mismanagement.aspx.
7. Brain Tracy, "Becoming a Person of Integrity," October 7, 2008, www.briantracyarticles.com/personal/becoming-a-person-of-integrity/.
8. Lao Tzu, *The Tao Te Ching*, 600 B.C., 引自 Patrick J. and Timothy H. Warneka, *The Way Of Leading People: Unlocking Your Integral Leadership Skills with the Tao Te Ching* (Asagomi Publisher International 2007).
9. Dennis N. T. Perkins, *Leadership Lessons from the Extraordinary Saga of Shackleton's Antarctic Expedition* (New York: AMACOM, 2000).
10. T. Boone Pickens, *The Luckiest Guy in the World* (Beard Books 2000), p. 277.
11. Kate Linbaugh, "Toyota Keeps Idled Workers Busy Honing Their Skills," *The Wall Street Journal*, October 13, 2008, p. B1
12. Stephen Covey, *The 8th Habit* (Free Press 2004).
13. Ron Crossland and Boyd Clarke, *The Leader's Voice: How Your Communication Can Inspire Action and Get Results*! (New York: Select Press 2008).
14. *An American President*, DVD, Rob Reiner 执导 (California: Castle Rock Entertainment 1995)。
15. Rich Karlgaard, "Peter Drucker on Leadership," *Forbes.com*, November 19, 2004.
16. Omar Kahn and Paul B. Brown, *Liberating Passion: How the World's Best Global Leaders Produce Winning Results* (John Wiley&Sons, 2008).

第 七 章

1. Wengarten, "Perls."
2. Edgar Powell, 引自 World of Quotes Web site, www.worldofquotes.com/author/Edgar-

Powell/1/index. html。
3. Jack and Suzy Welch, Winning(New York: HarperCollins 2005).
4. Bill Taylor,来自 Paul Michaelman 的采访,"Why Zappos Pays New Employees to Quit—and You Should Too," *HarvardBusiness. org*, May 23, 2008, www. youtube. com/watch? v=cQLTQAv5JQA.
5. Mary Kay Ash, as quoted on Web site, www. wow4u. com/mary-kay-ash/index. html.
6. Barbara Pagano and Elizabeth Pagano, *The Transparency Edge: How Credibility Can Make or Break You in Business* (New York: McGraw Hill 2003).
7. Keith Ferrazzi, *Never Eat Alone* (New York: Doubleday 2005).
8. Carol Patton, "Family Affair: Rewards for the Whole Family," *Incentive Magazine*, January 13, 2009.
9. Craig Ross, president of Pathways to Leadership, Inc., quoted in *Training Magazine* (July/August 2008): Margery Weinstein, "In on OnBoarding," *Training Magazine*, July/August 2008, p. 8.
10. Jerome Holtzman, "How Sandberg Got Here Nearly as Classic as Career," Chicago Tribune, September 21, 1997, quoted in Daily Press Web site, http://xml. dailypress. com/news/nationworld/cs-050104sandbergholtzman,0,2815023. story.
11. Ryne Sandberg, "Hall of Fame Induction Speech"(July 31, 2005), as recorded Web site Cubs. net, www. cubsnet. com/node/526.
12. Patrick Lencioni, "The Five Dysfunctions of a Team," keynote address, TEAMinar Workshop, Dallas, TX, October 8, 2003.
13. Dr. Joel Hunter (Senior Pastor, Northland Church, Florida), podcast, "Forerunners of the Kingdom," February 22, 2006.
14. Colonel Jerome Penner, 10th Mountain Division, Fort Drum, New York (Medical Services),作者收到的 e-mail 信息,January 27, 2009。

第 八 章

1. Wengarten, "Perls."
2. Patrick Hogan, "FUNdraising: Philanthropic Prodigy Rakes in Thousands, Motivates Others," *Triangle Business Journal*, February 23, 2007.
3. John Wooden,引自 Web site "Workingprogress. com," September 2007, http://workingprogress-workingprogress. blogspot. com/2007/09/timeless-leader. html.
4. Martin Gresty, "Graduates' experiences of the workplace (Spring 07)," 载于 prospectsnet. com, www. prospectsnet. com/cms/Showpage/Home_page/Main_Menu_News_and_information/Graduate_Market_Trends_2007/Graduates_experiences_of_the_workplace_Spring_07_/p! ejFddpd.

5. Watson Wyatt, "Companies Worldwide Struggle to Attract, Retain Workers," watsonwyatt. com, October 22,2007,www. watsonwyatt. com/news/press. asp? ID=18091.
6. McKinsey & Company, "Realigning the HR Function to Manage Talent," *The McKinsey Quarterly*, August 2008.
7. Father James Keller, *You Can Change the World*: Anniversary Edition（originally published 1948; Anniversary Ed. , The Christopher 2009）.

第 九 章

1. Wengarten, "Perls."
2. Richard Bach, *Jonathan Livingston Seagull* (Avon Books 1970),p. 34.
3. Edgar S. Cahn and Jonathon Rowe, *Time Dollars*: *The New Currency That Enables Americans to Turn Their Hidden Resource-Time-Into Personal Security and Community Renewal*(Rodale 1992).
4. Carl Honore, *In Praise of Slowness*: *How a Worldwide Movements Is Challenging the Cult of Speed*, (San Francisco, CA: HarperCollins Publications, Inc. 2004).
5. Jody Miller, "Get A Life!" *Fortune Magazine*, November 28,2005, http://money. cnn. com/magazines/fortune/fortune_archive/2005/11/28/8361955/index. htm.
6. William Least Heat-Moon, *Blue Highways*: *A Journey into America* (Little, Brown, &Co. 1982).
7. Benjamin Franklin, biography, as recorded at the Franklin Institute's Web site,http:// sln. fi. edu/franklin/inventor/inventor. html.
8. Peter Drucker, as quoted on Philosophers' Notes,http://philosophersnotes. com/quotes/ by_topic/Forest。
9. Dana Bowman's official Web site, www. danabowman. com/daabowman12007_006. htm.
10. J. Jenkins, "Who is Reading Books?," Jenkins Group, as cited in EmpowerNet, http:// empowernetinternational. com/.
11. Nicholas Carr, "Is Google Making Us Stupid?" *The Atlantic*, July/August 2008, www. theatlantic. com/doc/200807/google.
12. Irving L. Janus, *Victims of Groupthink*, (Boston: Houghton Mifflin Company 1972).
13. Linda Tischler, "A Designer Takes On His Biggest Challenge Ever," *Fast Company* 132, January 16, 2009, www. fastcompany. com/magazine/132/a-designer-takes-on-his-biggest-challenge-ever. html.
14. Jenny Uglow, *The Lunar Men*: *Five Friends Whose Curiosity Changed the World* (Farrar, Straus, and Giroux 2003).
15. Earl and Diana Nightingale, "Pumpkin in a Jug," from their official Web site "EarlNightingale. com," http://earlnightingale. com/store/index. cfm/fuseaction/

feature. display/feature_id/7/index. cfm? fuseaction=feature. print&feature_id=7.
16. Oral Lee Brown and Caille Millner, *The Promise* (New York: Bantam Dell Publishing Group 2005)
17. Julius Caesar, *Commentaril de Bello Civili*, (Commentaries on the Civil War), 2.8 (50s or 40s B. C.).
18. D. A. Kolb, Experiential Learning (Englewood Cliffs, NJ: Prentice-Hall 1984), as sourced at changingminds. org, http://changingminds. org/explanations/learning/kolb_learning. htm.
19. Fred Epstein, M. D. and Josh Horowitz, If I Get to Five: What Children Can Teach Us About Courage and Character (Macmillan 2004).
20. Mike Rowe, "Seven Dirty Habits of Highly Effluent People," *Fast Company* 122, February 2008, www. fastcompany. com/magazine/122/seven-dirty-habbits-of-highly-effluent-people. html.
21. Ecclesiastes 9:10, NIV.

第 十 章

1. Wengarten, "Perls."
2. Tim Sanders, *Love Is the Killer App: How to Win Business and Influence Friends* (Random House 2002).
3. Linda Tischler, "Nissan Motor Company," *Fast Company* 60, June 2002, www. fastcompany. com/magazine/60/nissan. html.
4. 同上。
5. David Oxberg, as quoted in "Listening with Understanding and Empathy," www. habits-of-mind. net/listening. htm.
6. Lao Tzu, *The Tao Te Ching*, 600 B. C., as quoted in Patrick J. and Timothy H. Warneka, *The Way of Leading People: Unlocking Your Integral Leadership Skills with the Tao Te Ching* (Asagomi Publisher International 2007)。
7. Lawrence M. Fisher, "Richard Semler Won't Take Control," *Strategy & Business*, Winter 2005, www. strategy-business. com/press/16635507/05408.
8. Steve Jobs, *iCon: Steve Jobs, The Greatest Second Act in the History of Business*, (John Wiley & Sons 2005).
9. Kim Slack, "Leading During a Recess: When the Economy Improves, Will Your Business Be on Top?," *Forum Transforming Performance* 2008, 参考资料如下: Pallavi Gogoi, "Circuit City Gives Up the Fight," *Business Week*, May 9, 2008; and James Covert, "Earnings Outage Hits Circuit City Shares," *The New York Post*, December 22, 2007。
10. Kate Linbaugh, "Toyota Keeps Idled Workers Busy Honing Their Skills," *The Wall Street*

Journal, October 13,2008, p. B1, http://online.wsj.com/article/SB122384818385826909.html.

11. Tom Rohrs, "Fast Talk: Smarter Moves for Tougher Times," *Fast Company* 55, January 2002, www.fastcompany.com/magazine/55/fasttalk.html? page=0%2C0.

12. John Kenneth Galbraith, as quoted in "Famous Quotes on Leadership," 12Manage.com Web site, www.12manage.com/quotes_1.html.

结　束　语

1. Lance Secretan, One: *The Art and Practice of Conscious Leadership* (Secretan Center 2006).
2. President Barack Obama, 摘自就职演讲, January 20, 2009: President Barack Obama, Presidential Inaugural Address, January 21,2009, 载于 *The New York Times*. Available at NYtimes.com, www.nytimes.com/2009/01/20/us/politics/20text-obama.html。

附　录　B

1. Jim Collins, "Jim Collins on Tough Calls," *Fortune*, June 27, 2005, http://money.cnn.com/magazines/fortune/fortune_archive/2005/06/27/8263408/index.htm.
2. R. D. Lang, as quoted on The Quotations Page, www.quotationspage.com/quote/34029.html.
3. "And Maggie Makes Three," *The Simpsons television series*, Fox, original air date January 22,1995, Season 6 Ep. 13.
4. McKinsey & Company, "Realigning the HR Function to Manage Talent," *The McKinsey Quarterly*, August 2008.
5. General Peter Pace, U.S. Marine Corps, vice chairman of the Joint Chiefs of Staff: Jerry Useem, "How I Make Decisions," *Fortune*, June 27, 2005, http://money.cnn.com/magazines/fortune_archive/2005/06/27/8263428/index.htm.

作者简介

帕梅拉·比尔布雷是一位备受欢迎的顾问、作家、国际演讲师以及工作和学习过程中的推进者。在她的职业生涯中，她的职业成就和领导思想在美国享有盛誉。帕梅拉撰写了有关提高员工参与度，促进领导力和团队发展以及组织改变的3本书籍和超过50篇文章。在开始创立咨询公司前，帕梅拉是浸信会医疗领导机构的创始人和总裁。她同时是圆桌集团的咨询伙伴，并致力于指导管理层有出色的表现。帕梅拉热衷于帮助个人和组织发现他们的伟大。她与丈夫、孩子、孙子、宠物猫和狗居住在佛罗里达州的彭沙科拉(Pensacola Florida)。

布赖恩·琼斯被客户称为"新鲜的空气"和"我们遇到过的最有效率的咨询顾问"。他游旅全美国，用平凡但伟大的方式和建议帮助团队和组织获得显著成效。布赖恩也对来自世界各地的领导者进行演讲。在创立咨询公司前，布赖恩在佛罗里达州彭沙科拉的浸信会医疗机构任人才发展部主任，是浸信会领导机构的高级顾问。布赖恩也是圆桌集团和帕特里克·兰西奥尼咨询公司的咨询伙伴。他与妻子梅拉妮和三个儿子西布、盖布和锡德居住在佛罗里达州的格尔夫布里斯。作为芝加哥小熊队的资深球迷，布赖恩希望本赛季小熊队能表现出"杰出的伟大"并赢得世界大赛冠军。